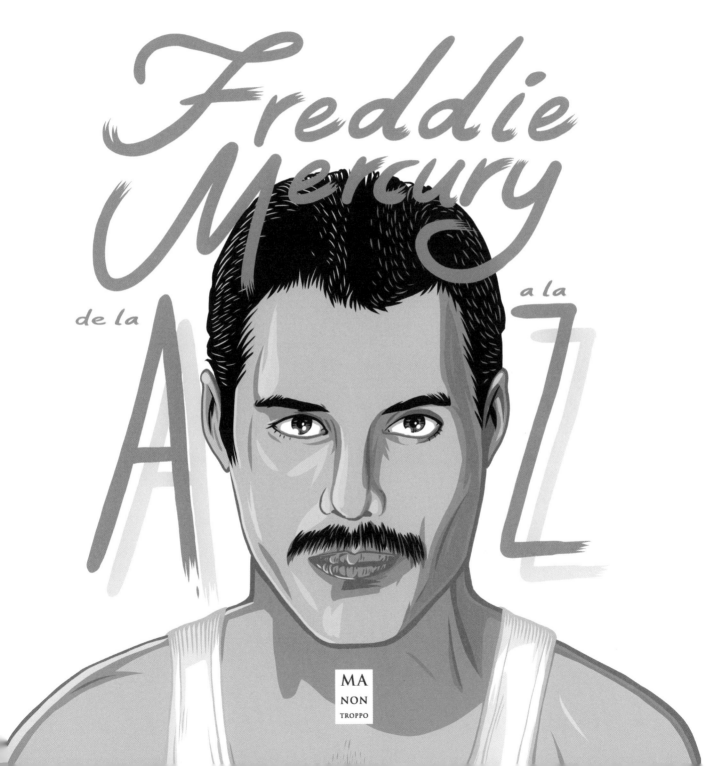

Freddie Mercury

de la   A   a la   Z

MA
NON
TROPPO

INTRODUCCIÓN

«No seré una estrella del rock. Seré una leyenda».

Eso fue lo que dijo Freddie al principio de su carrera y luego se demostró que tenía razón. Sin embargo, el ímpetu de esa afirmación era solamente una parte de la historia. Freddie era un hombre con una personalidad compleja y deseos contradictorios, que le llevaban a tener un pie dentro y otro fuera de los focos. Era el líder llamativo, el actor teatral extrovertido que mantenía su vida personal en privado, aunque se pavoneaba exageradamente en el escenario y eso al público le encantaba. Sus disfraces eran espectaculares. Elton John y David Bowie lo adoraban, por supuesto. Kurt Cobain, en su nota de suicidio, escribió que envidiaba la capacidad de Freddie de subirse al escenario de forma tan entusiasta. Freddie Mercury es sinónimo de extravagancia, escándalo (¡le encantaban las fiestas!) y una voz in-

creíble, con su característico rango de tres octavas (posiblemente cuatro). Desde los primeros días de Queen como un grupo de rock progresivo que explotaba todas sus habilidades musicales, hasta las alturas vertiginosas del enorme éxito de «Bohemian Rhapsody» y del pop más despojado de Queen en los ochenta, Freddie demostró una y otra vez ser uno de los grandes talentos del rock y el pop. Como solista, dejó claro que también podía cantar ópera, colaborando con la soprano Montserrat Caballé para los Juegos Olímpicos de Barcelona.

Al margen de la escena pública, Freddie era una persona muy reservada, pero cuando se subía al escenario lo daba todo. Con Queen creó el sonido arena-rock y los poderosos himnos deportivos que dominarían los estadios, como «We Will Rock You» y «Another One Bites the Dust». No hay duda de que su lugar en la música está entre los grandes. Pero Freddie también desempeñó otro papel. Su muerte por complicaciones relacionadas con el sida en 1991 le convirtió en un embajador involuntario de una enfermedad que se cerniría sobre una generación, así como en alguien que contribuyó enormemente al conocimiento público y a la desestigmatización de la enfermedad.

Artista consumado, leyenda e icono, un libro abierto y también un misterio, muy querido en vida y a la vez adorado por las nuevas generaciones.

STEVE WIDE

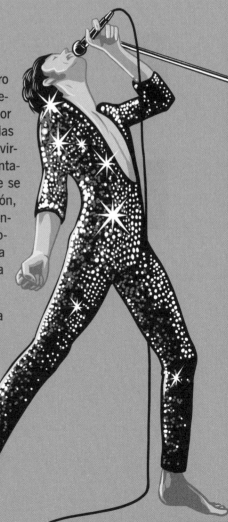

A también de

A Day at the Races/ A Night at the Opera

Tras el éxito de *Sheer Heart Attack*, Queen produjo estos dos legendarios álbumes que llevan el nombre de las películas de los Hermanos Marx y que saltan con facilidad del rock al pastiche, la ópera, la fantasía-folk y el vodevil. Incluyen temas tan clásicos como «Bohemian Rhapsody», «You're My Best Friend», «Love of My Life» y «Somebody to Love».

«Another One Bites the Dust»

Escrita por John Deacon para *The Game* (1980). Es el sencillo más vendido de Queen y, además, ocupó la primera posición en las listas de EE.UU. durante tres semanas. La voz desafiante de Freddie ha hecho de la canción una burla deportiva y un clásico de los estadios, versionada, remezclada y sampleada por muchos artistas. Según Freddie: «El mérito de la canción debe atribuirse a Michael Jackson en muchos sentidos. Era un fan y amigo nuestro y no paraba de decirme: "Freddie, necesitas una canción que los gatos puedan bailar... Eso es, esa es la gracia. Lánzala y será un éxito en las listas de éxitos", dijo. Lo hicimos y así fue».

Ashes (cenizas)

La ubicación de las cenizas de Freddie es un secreto, pero se cree que están en el cementerio londinense de Kensal Green. Allí hay una placa que reza: «In loving memory of Farrokh Bulsara, 5 Sept. 1946 – 24 Nov. 1991. Pour être toujours prés de toi avec tout mon amour – M.» Que traducido significa «En memoria de Farrokh Bulsara, 5 de septiembre de 1946 - 24 de noviembre de 1991. Para poder estar siempre cerca de ti con todo mi amor», la M en cuestión seguramente sea Mary Austin, encargada de ocuparse de sus cenizas.

GARDEN LODGE

Mary fue la principal beneficiaria del testamento de Freddie, recibió la mitad de su patrimonio y su mansión de Kensington, Garden Lodge, donde aún hoy reside.

Mary cuidó de Freddie cuando estaba enfermo junto con Jim Hutton. Con respecto a dejarle a Mary su casa, Freddie escribió: «Habrías sido mi esposa y, de todas formas, habría sido tuya».

BIBA

·SIRE· ·HOUSE·

QUEEN LOVE OF MY LIVE NOW I'M HERE

En palabras de Freddie Mercury: «Todos mis amantes me han preguntado por qué no podían sustituir a Mary, pero es francamente imposible. La única amiga que tengo es Mary y no quiero a nadie más. Para mí, ella fue mi pareja de hecho. Para mí, era un matrimonio» y «Creemos el uno en el otro. Eso es suficiente para mí. No podría enamorarme de un hombre de la misma manera que lo hice con Mary».

Aparentemente, la mítica «Love of My Life», de *A Night at the Opera*, es una canción sobre Mary Austin. Mary se mudó de la casa donde vivían cuando Freddie reveló su orientación sexual y, aunque la decisión contó con su bendición, obviamente no dejó de ser una experiencia dolorosa.

A de Mary Austin

No cabe duda de que Mary Austin se ganó el amor eterno de Freddie Mercury. La pareja formó un vínculo a muy temprana edad, Freddie tenía 24 años, Mary solo 19. Fue durante la época en que Mary trabajaba en Biba, una tienda de ropa de moda en Abingdon Road en Kensington. Mary contó que al principio le intimidaba la superconfianza de Freddie, pero sintió que «crecían juntos» y pronto comenzaron a convivir. Freddie incluso le propuso matrimonio, con un «¡sí!» rotundo como respuesta. Sin embargo, la boda nunca llegó a celebrarse. De hecho, cuando Queen empezó a ser más popular, Freddie fue alejándose de la idea de casarse, prefiriendo disfrutar de las ventajas de la fama, con sus noches de fiesta y sus excesos. Con la sospecha de que Freddie tenía una aventura, Mary se sentó con él para hablar de su relación. Según Mary, Freddie le dijo que era bisexual, pero ella le respondió: «No, Freddie, no creo que seas bisexual, creo que eres gay». Más tarde, Mary se casó y tuvo dos hijos con el pintor Piers Cameron antes de casarse (y divorciarse) con el empresario Nick Holford. Pese a todo, su vínculo con Freddie se mantuvo fuerte hasta sus últimos días (e incluso después de su muerte). Mary siempre fue bienvenida en el entorno de Queen y a menudo la fotografiaban entre bastidores con la banda.

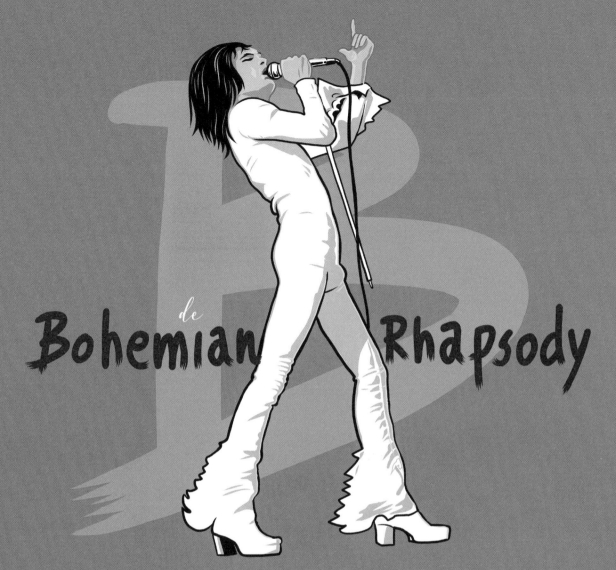

Bohemian de Rhapsody

Este es un tema que no necesita presentación. «Bohemian Rhapsody», la penúltima canción del segundo álbum de Queen, *A Night at the Opera*, publicado en 1975, pasaba de la balada a la ópera y al heavy rock con una facilidad asombrosa. Las técnicas de grabación y multipistas utilizadas eran tan avanzadas para la época que, al interpretar la canción en directo, se cree que la banda tenía que salir del escenario durante las partes más complejas y dejar que una grabación en cinta hiciera los honores. La canción de Mercury, una de las más cautivadoras e influyentes de todos los tiempos, se considera la cara comercial del rock progresivo así como un hito en la historia del pop. Cuando llegó a las tiendas de discos en 1975, se mantuvo durante nueve semanas en lo más alto de las listas de singles del Reino Unido y vendió un millón de copias. Tal es el poder de esta canción que volvió a figurar en las listas de éxitos en 1991, tras la muerte de Freddie. En Estados Unidos, se colocó en la lista de éxitos en 1976 y, posteriormente, en 1992, cuando volvió a popularizarse gracias a la película *Wayne's World* (*El mundo de Wayne*) y la famosa escena del coche donde los personajes sacuden sus cabezas al ritmo de la canción. Y de nuevo en 2018 tras el estreno de la película homónima. Hasta la fecha, «Bohemian Rhapsody» es el tercer single más vendido de la historia y el único tema que ha alcanzado el número uno en las listas navideñas del Reino Unido en dos ocasiones. En 2018 fue la canción del siglo XX más transmitida en YouTube y la más escuchada en Spotify.

Queen utilizó recursos operísticos en varias de sus canciones. En «Bohemian Rhapsody» incluyó muchas alusiones a textos antiguos o medievales. Scaramouche es un personaje bufón de la literatura italiana del siglo XVI que actúa como un cobarde fanfarrón. Bismillah procede del Corán árabe y significa «en el nombre de Alá». Galileo se refiere a Galileo Galilei, el astrónomo italiano, y Belcebú es uno de los nombres del diablo.

El productor de la canción, Roy Thomas Baker, relató que Freddie interpretó la mitad de «Bohemian Rhapsody» y luego se detuvo y le dijo: «Aquí es donde empieza la sección de ópera». Baker dijo que se echó a reír, en ese momento. Al parecer, se necesitaron más de 180 sobregrabaciones y cinco estudios diferentes para completar la pista, e incluso así se rumorea que Baker tuvo que insistir en que Freddie eliminara varios 'Galileos'.

A Mercury se le ocurrió la frase «Mama, just killed a man» ya en 1968. El tema se titulaba originalmente «The Cowboy Song».

El vídeo también fue de lo más rompedor: una mezcla de efectos de última generación que cambió para siempre la forma de hacer vídeos musicales.

Brian May dijo que «cuando él [Freddie] se presentó con la canción, parecía tenerla toda ya planeada en su cabeza». Mercury dijo que siempre pretendió que la canción fuera una «suerte de ópera».

El vídeo se rodó en los estudios Elstree en menos de cuatro horas (la secuencia de la película *El mundo de Wayne* tardó 10 horas en filmarse). Costó unas 4.500 libras y fue dirigido por Bruce Gowers, el mismo que dirigió las nueve primeras temporadas de *American Idol*.

«Bohemian Rhapsody» influyó en innumerables temas, tales como «Paranoid Android» de Radiohead y «United States Of Eurasia» de Muse; y a su vez se inspiró en Sparks y 10cc (su tema «One Night in Paris» en particular). Y además «Bohemian Rhapsody» suele encabezar las listas de las "mejores canciones de todos los tiempos".

B también de

«Bicycle Race»

Del álbum *Jazz* de 1978, «Bicycle Race» era un single de doble cara A con «Fat Bottomed Girls». El vídeo presentaba a 65 modelos desnudas participando en una carrera de bicicletas en el estadio de Wimbledon Greyhound. Como era de esperar, fue editado o incluso prohibido por muchas cadenas de televisión. Dato curioso: a Freddie no le gustaba montar en bicicleta.

Banana Hat (sombrero de bananas)

Para el desenfrenado vídeo de «I'm Going Slightly Mad», del álbum *Innuendo* (1991), Freddie lleva un sombrero hecho con bananas que acompaña la línea «I think I'm a banana tree».

Bohemian Rhapsody (la película)

Desde el principio, la película atravesó problemas de producción, constantes rumores de cancelación y cambios de director, equipo y reparto. Y, sin embargo, *Bohemian Rhapsody* salió adelante con la exuberante interpretación de Rami Malek, ganadora de varios premios, y convirtiéndose en un gran éxito de taquilla. Para conseguir el papel de Freddie, Malek realizó una grabación en los estudios Abbey Road, que luego enviaron a la banda para su aprobación. También Adam Lambert, actual vocalista de Queen, hace un cameo en la película como camionero. Pero el film no está exento de detractores. Muchos críticos consideran que los hechos relativos a las relaciones de Mercury con Mary Austin y Jim Hutton, así como su diagnóstico de VIH, están tergiversados. No obstante, en febrero de 2019 se estimaba que la película, cuya realización costó 52 millones de dólares, había recaudado unos 855 millones.

«Crazy Little Thing Called Love»

Mercury escribió este tema en 1979 y se incluyó en el álbum *The Game* de 1980. Es uno de los éxitos indiscutibles de Queen, llegó al número dos en las listas del Reino Unido y fue su primer número uno en los Estados Unidos. Freddie tocaba la guitarra rítmica siempre que Queen interpretaba la canción en directo y, a menudo, culminaba en un guitarreo entre Mercury y May.

Kurt Cobain

Cobain mencionó a Mercury en su desgarradora nota de suicidio. Escribió: «Ayer estuve debatiendo con un amigo que Freddie Mercury era punk rock. Él odia a Queen. Y a mí me encanta Queen. Es esa clase de banda. Y cuando le digo a la gente que considero a Freddie Mercury un gran compositor e ídolo del punk-rock, algunos lo entienden y otros no». También escribió que «admiraba y envidiaba a Freddie Mercury por disfrutar del amor de su público». Paradójicamente, Mercury era tan tímido como Cobain fuera del escenario.

Dave Clark

El icono de los sesenta, líder de la banda The Dave Clark Five, era muy amigo de Mercury. Una noche le invitaron a cenar y pensó que le esperaba una velada de juerga, pero en su lugar le comunicaron la terrible noticia de que Freddie tenía sida. Pasó tiempo a solas con Mercury, cuando este estaba enfermo en su cama, y dijo que Freddie le hizo muchas confidencias. Era una de las pocas personas que conocía el diagnóstico; aseguró que Mercury intentó todo lo que pudo para vencer la enfermedad, pero, como tantos otros, finalmente sucumbió. Clark estaba junto a Freddie cuando falleció.

La revista *Rolling Stone* reveló que lo último que hizo Freddie antes de morir fue acariciar el pelaje de Delilah.

En el último vídeo de Queen para «These Are the Days of Our Lives», Mercury lleva un chaleco con imágenes de varios de sus gatos pintados por su amigo el artista Donald McKenzie.

En las notas de su primer LP en solitario, *Mr. Bad Guy*, Mercury escribe:

«Este álbum está dedicado a mi gato Jerry —también a Tom, Oscar y Tiffany y a todos los amantes de los gatos del universo— ¡que se jodan los demás!».

Muchos de los gatos de Freddie fueron rescatados por Blue Cross, una organización benéfica para el bienestar de los animales en el Reino Unido. Dicha organización ha puesto en marcha recientemente una producción teatral pública de carácter inmersivo llamada *How Pets Changed The World: Five Plays* y, por supuesto, una de esas obras se titula «Freddie Mercury: Delilah - My Queen».

Mercury escribió la canción «Delilah» para su querida gata Delilah, un tema incluido en *Innuendo*, el último LP de Queen publicado en 1991 antes de la muerte de Freddie. La mayor parte de la letra podría referirse a una persona, no obstante, empieza a resultar extraña cuando acusa a su protagonista de orinar en su "suite Chippendale".

C

de Cats

(gatos)

Si hablamos de mascotas, se puede decir que Freddie Mercury era un loco de los gatos. Jim Hutton, compañero de Mercury durante muchos años, escribió en sus memorias: «Freddie trataba a los gatos como a sus propios hijos». El asistente Peter Freestone dijo que, mientras estaba de gira, Freddie llamaba a quien estuviera «cuidando a los gatos» para poder hablar con ellos. Pedía que les dieran un «pequeño achuchón» para que él pudiera oírlos maullar. La mayoría de los gatos eran animales rescatados de refugios u hospitales veterinarios. Tiffany era la única «de raza pura», una Blue Point de pelo largo que Mary Austin regaló a Mercury. Los otros gatos eran Miko, Romeo, Lily y el precioso y rechoncho Goliath (todos rescatados), también estaban Tom y Jerry (a los que la propia Mary se encargaba de sujetar al teléfono para que Mercury pudiera hablar con ellos durante la gira), además de Delilah, Oscar y Dorothy. Freestone afirmó que Mercury tuvo al menos diez gatos a lo largo de su vida y que le sobrevivieron seis de ellos (incluido el resistente Goliath).

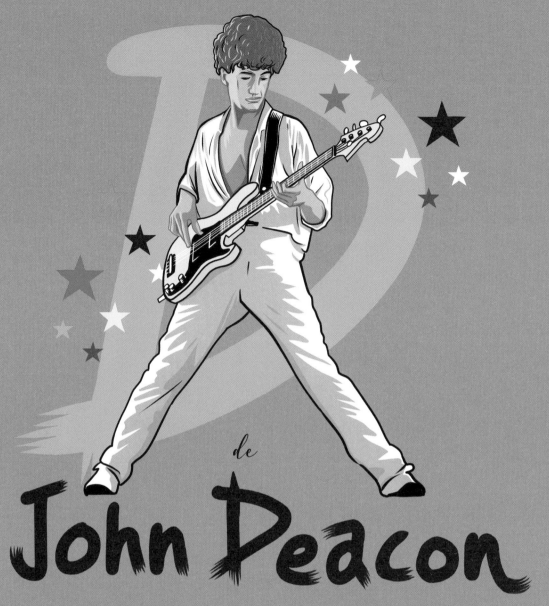

de

John Deacon

El bajista de Queen, John Deacon, nació el 19 de agosto de 1951 en Leicester. Se unió a Queen en 1971, cuando el núcleo Mercury, May y Taylor ya estaba formado. Los presentaron en una discoteca. Deacon apenas hablaba en los ensayos, sin embargo, la banda sabía que era el bajista adecuado para ellos. Era el miembro tranquilo de Queen, no solía involucrarse en ninguna de las discusiones de la banda. A excepción de un puñado de actuaciones, Deacon se retiró de la música tras la muerte de Freddie. En 1991, declaró: «Con respecto a nosotros, hasta aquí hemos llegado. No tiene sentido continuar. Es imposible sustituir a Freddie». Deacon, un hombre de palabra, no ha participado en ninguna de las últimas reuniones de la banda. Desde la muerte de Freddie, solo ha actuado en tres ocasiones: en 1992, en el concierto de homenaje a Freddie, repleto de grandes estrellas de la música; en 1993, cuando él y Roger Taylor actuaron en un hospital para recaudar fondos; y en 1997, cuando los miembros supervivientes de Queen interpretaron junto a Elton John «The Show Must Go On» en la inauguración del ballet de la compañía Béjart Ballet Lausanne en París. Deacon lleva casado con Veronica Tetzlaff desde 1975 y tienen seis hijos. Se calcula que su patrimonio ronda los 65 millones de libras.

Las influencias de Deacon variaban desde John Entwistle, de The Who, y Chris Squire, de Yes, hasta Chic, Stevie Wonder y Michael Jackson.

Deacon participó como bajista de Elton John cuando el cantante interpretó «The Show Must Go On» en el concierto de homenaje a Freddie Mercury.

Deacon escribió muchas canciones para Queen. Entre ellas, destacan: «You're My Best Friend» (escrita para su futura esposa Veronica), «I Want to Break Free» y «Another One Bites the Dust».

Durante la mayor parte de su carrera, Deacon utilizó un bajo Fender Precision. Al igual que May, Deacon era un gran inventor. Se hizo famoso por construir su propio amplificador, el "Deacy Amp", el cual montó con piezas que había encontrado en un contenedor. Este amplificador sirvió, además, para crear el sonido de la "Guitar Orchestra" de Deacon y May.

Joseph Mazzello interpretó a Deacon en la película biográfica *Bohemian Rhapsody*. Mazzello había actuado anteriormente en *Jurassic Park* y en *La red social*.

Junto con el baterista Roger Taylor, Deacon fue descrito como una «fuerza de la naturaleza retumbante». *Rolling Stone* dijo que eran «explosivos, un colosal volcán sónico cuya erupción hace temblar la tierra».

Death (muerte)

Freddie Mercury murió el 23 de noviembre de 1991 a causa de una bronconeumonía derivada del sida. Tenía 45 años. Mary Austin, Jim Hutton y Dave Clark se encargaron de velarlo las noches previas a su muerte. Tal y como deseaba Freddie, Mary Austin se hizo cargo de sus cenizas y las enterró en un lugar secreto.

«Don't Stop Me Now»

Esta canción del álbum *Jazz* de 1978 es sin duda un himno para Mercury. Uno de los temas más populares de Queen hasta el día de hoy que captura el espíritu irreprimible de Freddie. Casi una declaración de intenciones. Combina pop y teatralidad y, además, era la canción perfecta para convertirse en el punto culminante del musical *We Will Rock You*.

Darth Vader

En 1980, Mercury se subió a los hombros de Darth Vader (o de alguien vestido como él) en el estadio de baloncesto The Summit de Houston. El momento quedó plasmado en una famosa fotografía tomada por Tom Callins, de 21 años. Al parecer, era algo habitual: en 1979 Freddie había aparecido en el Hammersmith Odeon montado sobre los hombros de Superman.

Roger Daltry

El legendario vocalista de The Who describió a Mercury como «el mejor cantante virtuoso de rock 'n' roll de todos los tiempos. Podía cantar cualquier pieza en cualquier estilo. Podía cambiar su estilo de una línea a otra y, Dios, eso es un arte. Lo hacía de forma brillante».

E también de

Ben Elton

El comediante Ben Elton trasladó la fuerza de Mercury al West End de Londres con *We Will Rock You*, el exitoso musical de rock basado en la música de Queen. En su mejor momento, fue el décimo musical del West End con mayor duración de la historia.

Ealing Art College

Reconocido por su enfoque en las bellas artes, la moda y el diseño gráfico e industrial, este colegio universitario ha contado con varios alumnos famosos, entre ellos: Mercury, Pete Townsend, Ronnie Wood y el ilustrador Alan Lee, célebre por su extenso trabajo en *El Hobbit* y *El Señor de los Anillos* de Tolkein.

The Egg

El grupo británico de electro-house The Egg remezcló la canción de Mercury «Living On My Own» de su primer álbum en solitario *Mr. Bad Guy*.

The Elephant Man

En un artículo favorable sobre la película *Bohemian Rhapsody*, el periodista del *New Yorker* Richard Brody describió la interpretación de Rami Malek en el papel de Freddie Mercury como una «canalización de Hurt», no de la herida y el dolor, sino de John Hurt como Joseph Merrick en *El hombre elefante*.

Everett estaba obsesionado con «Bohemian Rhapsody» desde el momento en que llegó a sus manos. La ponía en su programa continuamente y a pesar de que le dijeron que esperara porque aún no se había publicado oficialmente, la ponía igualmente y decía: «Uy, se me escapó el dedo». Aunque le parecía que la canción era larga, con más de seis minutos, dijo: «va a ser un número uno durante siglos».

En 1988 la biografía de Kenny Everett escrita por Audrey Middleton (una cantante de pop conocida como "Lady Lee" y antigua esposa de Everett) provoca una nueva disputa entre ambos.

Por lo visto, Everett sostenía que en la biografía Middleton le había «sacado del armario» y cuando Mercury pareció ponerse del lado de Middleton, las tensiones entre ambos aumentaron.

Mercury participó como invitado en el popular programa de televisión de Kenny Everett. En la escena, Freddie sale junto a Sid Snot (uno de los personajes más conocidos de Everett) vestido en plan motero (¡esos pantalones de cuero rojos!) y derrama una cerveza en el suelo delante de Everett (en respuesta a lo cual Everett dice «buen comienzo»). Entonces Freddie salta sobre Everett y se revuelcan en el suelo abrazados.

En una de las salidas nocturnas más legendarias de Mercury y Everett, supuestamente «colaron» a la princesa Diana en la famosa discoteca gay Royal Vauxhall Tavern. Cuentan que Freddie, Kenny y Diana pasaban el rato con la comediante Cleo Rocos, viendo *Las chicas de oro* y bebiendo champán. Luego decidieron salir de marcha y disfrazaron a Diana con una chaqueta militar y una gorra. Y así la princesa pudo moverse libremente por el club e incluso pedir bebidas en la barra.

Kenny Everett

E de

Mercury conoció al disc-jockey y comediante Kenny Everett en 1974, cuando Everett entrevistó a Freddie en su programa matutino de Capital FM. Los dos fueron amigos íntimos durante buena parte de una década. Frecuentaron juntos los mejores clubs de Londres, incluido el Royal Vauxhall Tavern, un conocido local gay. La cocaína influyó mucho en su amistad. Al parecer, se pelearon cuando Everett dijo a sus amigos que Freddie siempre se metía cocaína, pero que a él nunca le daba nada. En 1984, Everett anunció a la prensa que «dos maridos son mejor que uno», refiriéndose al *ménage à trois* del que formaba parte, junto con el ex-soldado ruso Nikolai y un camarero español llamado Pepe. Después de que Everett saliera del armario, Mercury se unió al trío y, según dicen, se referían a sí mismos como los «nuevos fab four». Mercury y Nikolai se hicieron muy amigos y esa conexión abrió otra brecha en la relación entre Mercury y Everett, cuya amistad se desintegró entonces. Se reconciliaron en 1989, cuando ambos estaban enfermos de sida. Mercury murió en 1991, a los 45 años. Everett hizo pública su enfermedad en 1993 y murió en 1995, a los 50 años.

Freddie Mercury sentía un gran interés por la moda. En el escenario era especialmente llamativo y extravagante. Al parecer, solía decir: «Me visto para matar, pero con buen gusto». Vio algo en la incipiente diseñadora Zandra Rhodes, responsable de varios de sus trajes más emblemáticos. Rhodes solo había vestido a un hombre antes que a Freddie: a Marc Bolan. Freddie se probó varios de sus trajes cuando visitó el pequeño estudio de Zandra. Una elegante blusa plisada (pensada para una boda) atrajo al instante su sentido del movimiento y la teatralidad. De hecho, esta blusa aparecerá en una de las fotografías más icónicas de Mercury, con los brazos abiertos como un pájaro dispuesto a emprender el vuelo. Según Zandra: «Era un revolucionario oculto por el hecho de que se vestía de forma exótica y se maquillaba. Creo que fue probablemente uno de los fundadores del movimiento andrógino en la moda». Freddie mezclaba y combinaba ropa de mujer y de hombre para crear nuevas formas. Recordemos el traje de satén con unas «alas» en las muñecas que utilizó en el vídeo de «Bohemian Rhapsody», los monos ceñidos y escotados, los leotardos y los tirantes sin camiseta que mostraban el vello del pecho de forma generosa. La camiseta de tirantes, los vaqueros y la pulsera con tachuelas que lució en el Live Aid, el bigote y el cuero bondage procedente de los clubs gays de Nueva York y San Francisco. El estilo motero salvaje de la época de «Crazy Little Thing Called Love», seguido del estilo drag con bigote en «I Want to Break Free». No cabe duda de que Mercury era una referencia en el mundo de la moda, capaz de absorber e influenciar.

F de Fashion

Freddie se tomaba muy en serio su presencia en el escenario. Vestía con mallas shakespearianas, monos y volantes como si fuera el actor principal de su propia obra. Elegía tejidos como las lentejuelas, la licra, el cuero, el satén, el lúrex y la piel de serpiente. Le encantaba incluir estampados de rayas, rayos y diamantes de arlequín siempre que era posible. Y para el maquillaje usaba delineador de ojos y pintalabios.

Uno de los atuendos más famosos de Mercury subvertía el nombre de su banda: llevaba una corona de rey y una elegante túnica roja con un ribete de pelo.

David Bowie dijo sobre Mercury: «Siempre he admirado a un hombre que lleva mallas». Y es que Freddie llevaba muchas mallas. También le gustaban las chaquetas de cuero, tanto negras como de colores brillantes, y solía llevarlas sobre las mallas.

En 1979, Mercury protagonizó un espectáculo con el Royal Ballet. Según Roger Taylor, el único objetivo era conseguir que la gente se quedara boquiabierta. Mercury apareció con un leotardo negro escotado que luego acentuó con una chaqueta de cuero. No solo cantó «Bohemian Rhapsody», también bailó con los miembros del ballet y su actuación le valió dos ovaciones del público.

El actual cantante de Queen, Adam Lambert, afirmó: «El estilo de Freddie era tan extravagante que puedo dar rienda suelta a mi forma de vestir. Arriesgo más con lo que llevo con Queen que con mi propio vestuario. Lo hago para el público. Me gusta darles algo llamativo».

Rami Malek lució el traje plisado de Zandra Rhodes en la película *Bohemian Rhapsody*. Zandra explicó: «En realidad, rehicimos la parte superior de la capa blanca para la película. Tan solo se ve un instante, pero es uno de los atuendos con el que todo el mundo parece recordarle».

F
también de

Flash Gordon

En 1980, solo seis meses después de lanzar *The Game*, Queen compuso la banda sonora de la película *Flash Gordon* de Mike Hodges. El tema principal, «Flash» o «Flash's Theme», fue número uno en Austria y, en general, obtuvo buenos resultados en el resto de Europa y EE.UU. El álbum alcanzó la posición número 10 en las listas británicas y la 42 en las estadounidenses. La película no tuvo mucho éxito en su momento, aunque ahora se considere una obra de culto. La banda sonora, en cambio, sigue siendo bien recibida.

Peter Freestone

Freestone conoció a Mercury en 1979 cuando trabajaba en el vestuario del Royal Ballet. Al cabo de un año se convirtió en su asistente personal. Así lo cuenta Freestone en su biografía: «Viajé con él por todo el mundo, estuve con él en los momentos álgidos y también en los más difíciles. Actué como su guardaespaldas cuando era necesario y al final, por supuesto, fui uno de sus cuidadores».

Perry Farrell

Líder de las bandas Jane's Addiction y Porno for Pyros. También es conocido por ser el creador del festival de música de Chicago Lollapalooza. Farrell mencionó a Mercury como una de sus principales influencias. En 2018 concibió la idea de un nuevo festival, llamado Kind Heaven, en el que aparece en directo junto a hologramas de Freddie Mercury, David Bowie y Jim Morrison, algo que, sin embargo, aún no ha hecho realidad.

«Fat Bottomed Girls»

Esta canción, escrita por Brian May, fue un sencillo de doble cara A con «Bicycle Race» del álbum *Jazz*. May comentó: «La escribí pensando en Fred, tal y como haces si tienes un gran cantante al que le gustan las chicas con el culo gordo... o los chicos».

G
también de

Garden Lodge
Freddie dejó a Mary Austin su querida casa de Londres, Garden Lodge. Tras su muerte, la entrada y la pared exterior se convirtieron en un santuario, cubierto de mensajes de amor, imágenes, grafitis y fotografías. En 2017, Mary Austin mandó retirar todos los mensajes y la parafernalia y cubrió la puerta con plexiglás para que no se pudiera llenar de pintadas. Los fans estaban indignados.

The Game
Publicado en 1980, el octavo álbum de estudio de Queen fue el primero en el que la banda utilizó un sintetizador. Incluye tres clásicos de Queen: «Crazy Little Thing Called Love», «Another One Bites the Dust» y la balada «Save Me». Fue el único álbum de Queen que alcanzó la primera posición en los Estados Unidos.

Goose Productions
Mercury formó esta compañía con Elton John y John Reid para editar discos del músico y actor Peter Straker.

«I'm Going Slightly Mad»
Mercury y el músico Peter Straker se lo pasaron en grande componiendo la letra de esta canción del álbum *Innuendo*. Jim Hutton recuerda haberse quedado dormido mientras los dos se reían a carcajadas en el piso de abajo inventando eufemismos para «volverse loco», como «estoy a una ola de naufragar», «creo que soy un plátano», «estoy tejiendo con una sola aguja» y «estos días conduzco solo con tres ruedas».

Freddie explicó: «Ahora básicamente las escribo (las canciones) en mi cabeza... o si no, al piano. "Crazy Little Thing" fue la última canción que escribí con la guitarra. Estoy muy limitado con los acordes y, a veces, eso es algo bueno. Por eso me gustaba "Crazy Little Thing"; si hubiera sabido demasiados acordes de guitarra, la habría arruinado».

Brian May y John Deacon han confirmado en varias entrevistas que Mercury compuso con la guitarra los temas «Liar» del álbum *Queen* y «Ogre Battle» de *Queen II*.

Existen numerosas fotos de Mercury entre bastidores con una guitarra. La biógrafa Lesley-Ann Jones escribió: «Freddie Mercury quería ser un guitarrista como su héroe, Jimi Hendrix. Pero se dio cuenta de que nunca tendría la misma habilidad natural que Hendrix. Freddie era pianista. Ese era el instrumento con el que componía».

El productor discográfico David Richards dijo que Freddie «examinaba y dirigía cada parte de violín, cada nota de violonchelo, cuándo debían sonar y con qué intensidad, así como cuándo debía haber flautas y a qué nivel debían sonar».

El principal instrumento de Mercury era su voz. Y, además, sabía usarla mejor que la mayoría. También, las habilidades de Freddie en el piano se mostraron en todo su esplendor tanto en las actuaciones en directo como, por supuesto, en el vídeo de «Bohemian Rhapsody». Asimismo, escribió complejas melodías con cambios de tonalidad y compás desde los inicios de Queen. Pero quizá se sepa menos que también tocaba la guitarra, aunque al parecer una vez afirmó: «Solo sé tres acordes». Según el compositor estadounidense Harlan Howard, la música country consiste en «tres acordes y la verdad»; sin embargo, en una época en la que el rock progresivo y los complejos solos de guitarra dominaban las listas de éxitos, saber tres acordes no te llevaba muy lejos. Mercury sabía tocar la guitarra rítmica, como queda demostrado en cualquier interpretación en directo de «Crazy Little Thing Called Love». Pero al ser uno de los mayores cantantes del rock y al estar al lado de uno de los mejores guitarristas del rock, como es Brian May, es inevitable que las habilidades de Freddie con la guitarra siempre fueran a desempeñar un papel secundario. Tras su colaboración en 1987 para los Juegos Olímpicos de Barcelona, Montserrat Caballé no tuvo más que elogios para él. Dijo: «"Barcelona" fue un ejemplo del gran talento musical de Freddie. No solo era un cantante popular, sino un músico que podía sentarse al piano y componer. Descubrió una nueva forma de unir diferentes estilos musicales. Es la primera y única persona que lo ha hecho».

de

Guitarra

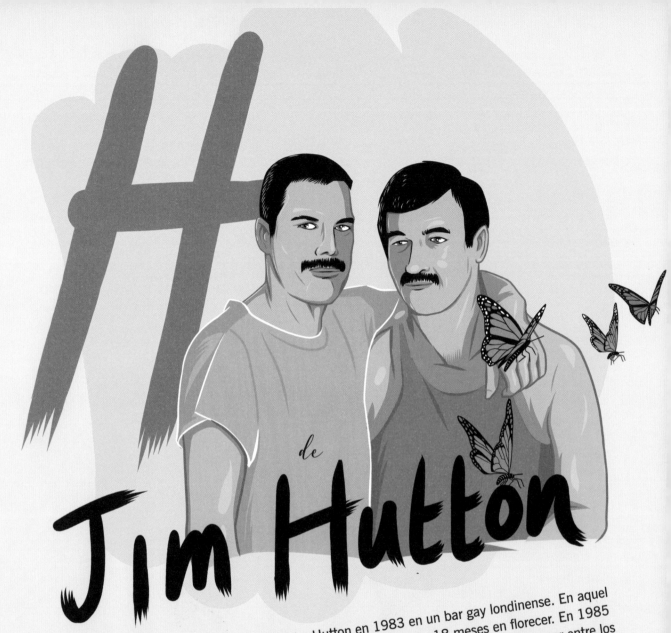

H de Jim Hutton

Mercury vio por primera vez al peluquero irlandés Jim Hutton en 1983 en un bar gay londinense. En aquel momento Hutton estaba saliendo con otra persona y la relación tardó otros 18 meses en florecer. En 1985 volvieron a coincidir en el Heaven, un popular club gay de Londres y, con el tiempo, surgió el amor entre los dos. El matrimonio gay no era legal en aquella época, pero al parecer Mercury y Hutton se hicieron unos anillos de boda y, al principio, tenía aventuras con otras personas. Hutton, en cambio, quería sentar la cabeza y le pidió que tomara una decisión. Freddie prefirió la seguridad de una relación estable y estuvieron juntos hasta su muerte en 1991. Hutton aportó cierta normalidad al desenfrenado estilo de vida de Mercury: se encargaba de la jardinería, la limpieza y otras tareas administrativas cotidianas. Escribió un libro de memorias, *Mercury and Me*, en el que hablaba de su vida en común con todo detalle. Dijo que escribir el libro era una forma de terapia, una manera de superar el proceso de duelo. Hutton era seropositivo igual que Mercury, pero acabó muriendo a causa de un cáncer de pulmón en 2010, a los 60 años.

Hutton mantuvo su trabajo como peluquero mientras duró su relación con Freddie Mercury.

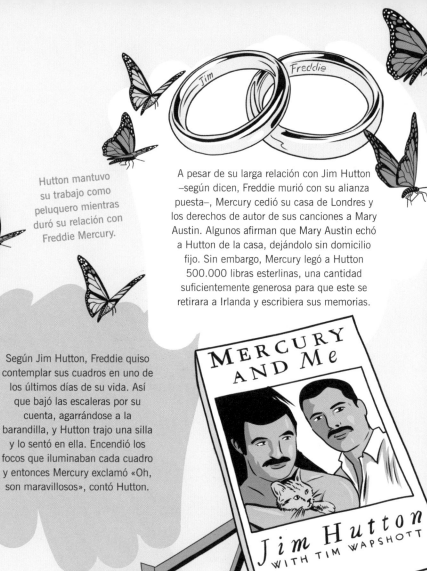

A pesar de su larga relación con Jim Hutton –según dicen, Freddie murió con su alianza puesta–, Mercury cedió su casa de Londres y los derechos de autor de sus canciones a Mary Austin. Algunos afirman que Mary Austin echó a Hutton de la casa, dejándolo sin domicilio fijo. Sin embargo, Mercury legó a Hutton 500.000 libras esterlinas, una cantidad suficientemente generosa para que este se retirara a Irlanda y escribiera sus memorias.

Según Jim Hutton, Freddie quiso contemplar sus cuadros en uno de los últimos días de su vida. Así que bajó las escaleras por su cuenta, agarrándose a la barandilla, y Hutton trajo una silla y lo sentó en ella. Encendió los focos que iluminaban cada cuadro y entonces Mercury exclamó «Oh, son maravillosos», contó Hutton.

MERCURY AND Me

Jim Hutton
WITH TIM WAPSHOTT

Cuando a Mercury le diagnosticaron el VIH, le dijo a Hutton que podía irse si quería. Hutton le contestó: «No seas estúpido, estoy aquí para quedarme».

No cabe duda de que a Mercury le gustaba un tipo de hombre específico. En un vídeo en el que se ve a Freddie y a «los chicos» relajándose en el jardín, se observa que la mayoría tienen un aspecto muy similar, incluido el hirsuto y bigotudo Jim Hutton.

Hot Space

Hot Space es el décimo álbum de estudio de Queen y se publicó en mayo de 1982. Es uno de sus discos menos populares, pero incluye el tema «Under Pressure», fruto de su colaboración con Bowie, considerado uno de los mayores éxitos de Queen. Tras haber utilizado un sintetizador en *The Game*, en este nuevo álbum experimentaron por primera vez con una caja de ritmos.

The Hectics

A los siete años, Mercury empezó a tomar clases de piano en la India; y a los doce, formó The Hectics, cuando era alumno de St. Peter's School, una escuela cerca de Mumbai (entonces Bombay). La banda versionaba canciones de artistas de Rock & Roll como Cliff Richard y Little Richard. Un amigo suyo dijo que Mercury «tenía la capacidad única de escuchar una canción en la radio, una sola vez, y ser capaz de tocarla perfectamente». Fue durante su etapa en St. Peter's cuando comenzó a hacerse llamar 'Freddie'.

Hall of Fame
(Salón de la Fama)

Mercury y sus compañeros de banda ingresaron en el Salón de la Fama del Rock & Roll en 2001 y en el Salón de la Fama de los Compositores en 2003.

Harmonías

Las harmonías de Queen involucraban a todos los miembros de la banda. De hecho, se trata de una de las raras ocasiones en las que toda una banda podía cantar sin ser eclipsada por su vocalista principal. Algo bastante infrecuente en la historia de la música, que demuestra lo inclusivo que era Freddie Mercury: le importaba más conseguir el mejor resultado posible.

Hobbies

Entre los nueve y los doce años, Mercury era un ávido coleccionista de sellos. Su colección se encuentra ahora en el Museo Postal Británico y es especialmente interesante porque contiene muchos sellos de países que han cambiado de nombre o han dejado de existir.

también de

Idiosincrasias

El chef americano de Mercury, Joe Fanelli, le cocinaba regularmente pastel de carne y una tanda de panecillos de salchicha, que él se llevaba al estudio y compartía con sus compañeros de banda. Si alguna vez estaba deprimido, escuchaba discos de Pavarotti para animarse. Freddie era un gran coleccionista de arte y poseía muchos originales de Salvador Dalí y Joan Miró. Y, además, estaba obsesionado con los gatos.

Interviews (entrevistas)

Mercury era una persona muy reservada y, cuando Queen saltó a la fama, rara vez concedía entrevistas. Si lo hacía, se mostraba entre arrogante, entusiasta y perspicaz. En una inolvidable entrevista realizada en Múnich, aparece borracho y con una actitud muy atrevida, dejando entrever su sentido del humor. Durante una de sus entrevistas más sinceras, Mercury explicó al australiano Molly Meldrum que tras el lanzamiento de «Bohemian Rhapsody» todo cambió y que habían empezado a tocar para un público de «madres y padres».

Innuendo

El decimocuarto álbum de estudio de Queen se publicó en febrero de 1991. Sería el último que se publicaría en vida de Freddie. Presentaba una vuelta a sus raíces musicales, con un sonido hard-rock y arreglos intrincados. No contenía ninguno de los temas que ahora son la marca de la casa de Queen, pero aun así generó siete sencillos y llegó al número uno en el Reino Unido y partes de Europa y, además, fue disco de oro en EE.UU. Brian May dijo que la decisión de acreditar cada canción a todo el grupo tuvo un impacto notable y apenas hubo discrepancias en el estudio.

Para la banda sonora de la película *Bohemian Rhapsody* (2018) se creó una versión única de la canción. La introducción del single original se añadió a la versión del álbum, creando una edición de 3 minutos y 43 segundos.

Mercury no soportaba las escenificaciones. Al parecer, se negaba a unirse a los demás cuando ensayaban, en vez de eso prefería pasar la aspiradora a su alrededor.

Wayne Eagling, que por entonces era una estrella del Royal Ballet, coreografió el videoclip. Según él, «fue muy divertido, aunque tratar de coreografiar a Freddie era simplemente imposible».

En un momento del vídeo musical, Freddie imita el solo de trompa del sintetizador tocando una trompa real y actúa en un breve ballet vestido como una figura parecida al dios Pan con un leotardo moteado.

Lisa Stansfield interpretó «I Want to Break Free» en el Concierto de Homenaje a Freddie Mercury, sumando una capa más a la división de géneros abordada en el archiconocido vídeo de la canción.

• CORONATION ST •

I want to Break Free

de

Esta canción tan popular del álbum *The Works* de 1984 podría ser casi un tema sobre Freddie Mercury. Pero en realidad lo compuso John Deacon y, además, lo describió como una simple canción de amor. La canción llegó al número tres en el Reino Unido y al número 51 en la lista Billboard de Estados Unidos; su vídeo, sin embargo, es probablemente incluso más famoso que la canción en sí. Y es que Roger Taylor pensó que sería divertido disfrazarse de personajes famosos de la mítica telenovela británica *Coronation Street*. Por ello todos los miembros de la banda van vestidos de mujer y se dedican a tareas domésticas mundanas (eso sí, Freddie sigue luciendo su icónico bigote). El vídeo fue un gran éxito en la MTV y gozó de gran popularidad en todo el mundo. Resulta inevitable ver a Mercury pasando la aspiradora vestido de mujer con un bigote y no interpretarlo como una declaración de intenciones, una manifestación de la sexualidad fluida, un «¡que le den!» a lo establecido y una jocosa rebelión de espíritu. Pero la banda siempre ha negado que esa fuera la intención y ha preferido concentrarse en el aspecto cómico del vídeo.

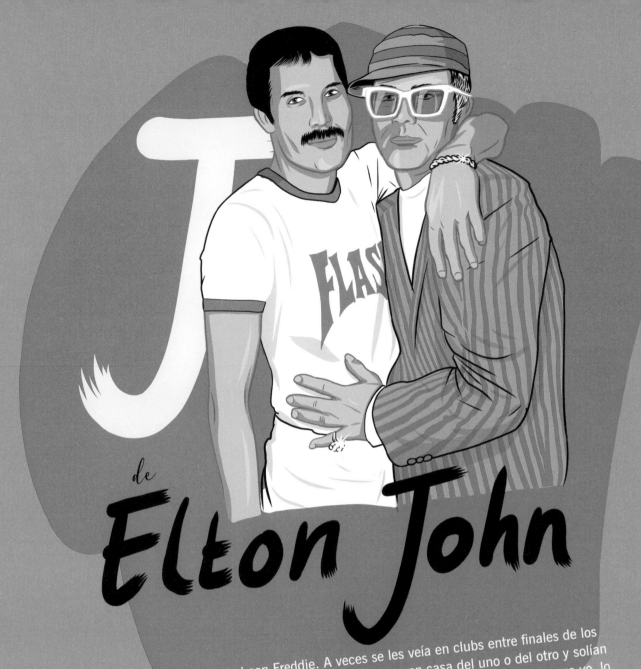

J de Elton John

Elton John mantuvo una larga amistad con Freddie. A veces se les veía en clubs entre finales de los setenta y principios de los ochenta. Con frecuencia asistían a cenas en casa del uno o del otro y solían pasar juntos noches locas de fiesta. En palabras de Elton: «Freddie podía tener más aguante que yo, lo que ya es mucho decir». Se llamaban mutuamente por sus nombres de drag queen: Freddie era Melina; Elton era Sharon. Los dos compartieron muy buenos momentos, pero también los malos. Aunque Freddie no anunció públicamente su diagnóstico de VIH hasta la víspera de su muerte en 1991, lo cierto es que Elton John ya lo sabía desde 1987. Tras el estreno de la película *Bohemian Rhapsody*, Elton John habló de lo destrozado que estaba cuando se enteró del diagnóstico, porque había visto lo que la enfermedad podía hacer. Freddie también lo había visto y sabía lo que le esperaba, pero lo afrontó con mucho coraje, sin dejar de actuar y sin dejar de ser la persona extravagante y pícara de siempre. Elton fue testigo del empeoramiento de su amigo y se sintió desconsolado por la pérdida.

En 1982 Freddie se unió a Elton John en el escenario del Manchester Apollo Theatre. Los dos llevaban uniformes militares extravagantes e interpretaron tres versiones: «Whole Lotta Shakin' Goin' On», «I Saw Her Standing There» y «Twist and Shout».

La Navidad siguiente a la muerte de Freddie, Elton recibió un paquete en su casa. Era una funda de almohada que contenía una obra de uno de los artistas favoritos de Elton John, Henry Scott Tuke. La nota que la acompañaba decía: «Querida Sharon, pensé que esto te gustaría. Con cariño, Melina. Feliz Navidad».

Jazz

El séptimo álbum de estudio de Queen se publicó en noviembre de 1978 y alcanzó el número dos en las listas del Reino Unido. «Fat Bottomed Girls» y «Bicycle Race» eran los singles principales y los éxitos más controvertidos, pero el penúltimo tema, «Don't Stop Me Now», se convirtió en el gran favorito.

Jealousy (celos)

Mary Austin dijo acerca de haber heredado la casa y el dinero de Freddie: «I hit jealousy head on – like a Japanese bullet train. Very painful. I don't think the remaining members of Queen have ever reconciled themselves to it.» («Me golpearon los celos como un tren bala japonés. Fue muy doloroso. No creo que los miembros restantes de Queen se hayan reconciliado con ello»).

Jumpsuit (mono)

Mercury lució una gran variedad de monos durante su carrera. El mono rojo cubierto de ojos, que aparece en el vídeo de «It's A Hard Life», es una de las piezas más llamativas. En general destaca la preferencia de Freddie por los monos de rayos, lentejuelas, satén, rayas y estampados de arlequín, un tipo de vestimenta que brindó muchos momentos inolvidables.

Jackets (chaquetas)

Las chaquetas más conocidas de Freddie Mercury se han convertido en auténticos iconos a lo largo de los años: tanto la amarilla como la roja, ambas de cuero y corte tipo militar, visten la figura de cera de Mercury en el museo Madame Tussauds.

Una noche de borrachera, Freddie, Elton y Rod Stewart propusieron la idea de formar un supergrupo llamado Nose, Teeth and Hair (Nariz, Dientes y Pelo), un nombre basado en sus rasgos más distintivos. También decidieron que se vestirían como las Beverley Sisters. Desafortunadamente, la idea no llegó a cuajar. Elton John dijo que era «una gran y profunda pérdida para la música contemporánea».

En el concierto de homenaje a Freddie Mercury de 1992, Elton interpretó «The Show Must Go On» con Queen, así como «Bohemian Rhapsody» junto a Axl Rose.

Después de la película *Bohemian Rhapsody*, Dexter Fletcher dirigió *Rocketman*, un biopic de Elton John.

Winnie Kirchberger

Winnie Kirchberger formaba parte del círculo íntimo de Freddie. Era un restaurador de Múnich (y amigo de Barbara Valentin). Vivió con Freddie durante un tiempo y, por lo visto, tuvieron una relación apasionada y llena de discusiones. Winnie apenas hablaba inglés y Freddie tampoco hablaba alemán, así que seguramente muchas cosas se perdieron en la traducción. Murió por complicaciones relacionadas con el sida en los años 90.

King (rey)

Irónicamente, Freddie se coronó a sí mismo como el «Rey de Queen». Le gustaba vestirse con diversas túnicas reales. En 1986, para la gira The Magic Tour, llevó una corona de rey y una túnica.

Knighthood
(título de caballero)

Freddie nunca fue nombrado caballero, pero recibió las condecoraciones como Oficial de la Orden del Imperio Británico y Miembro de la Orden del Imperio Británico, otorgadas por la reina Isabel II. En 2002 Brian May tocó «God Save the Queen» en el tejado del Palacio de Buckingham para el jubileo de oro de la reina.

Kanye

Es cierto que «Bohemian Rhapsody» es una canción difícil de cantar, pero Kanye West la destrozó por completo en el festival de Glastonbury en 2015. No tardaron en aparecer divertidísimos vídeos en YouTube, en los que se intercalaban imágenes antiguas de Mercury reaccionando con horror e hilaridad a la actuación.

Al parecer Brian May describió «Killer Queen» como un punto de inflexión en la carrera de la banda, dijo: «lo necesitábamos desesperadamente como una señal de que algo bueno nos estaba sucediendo». Añadió: «Después de la primera gira americana de Queen, yo tenía hepatitis… Recuerdo que estaba allí tumbado, escuchando a Freddie tocar esta canción realmente genial y sintiéndome triste, porque pensé: "Ni siquiera puedo salir de la cama para participar en esto"».

Según el promotor de EMI, Eric Hall, él es la reina asesina de la canción.

Las imágenes de la cortesana asesina de Freddie se evocan mediante una serie de frases célebres que hacen referencia al Moët et Chandon guardado en una «bonita vitrina» («pretty cabinet») y a un perfume que "venía naturalmente de París" («came naturally from Paris»).

Hay quien afirma que en el tema Freddie toca un «piano de tachuelas» (tack piano, en inglés). Un piano de tachuelas es un piano normal al que se le añaden clavos, tachuelas o metal a los martillos para crear un sonido más fino propio de un piano honky-tonk.

K de

Killer Queen

«Killer Queen» es una canción escrita por Freddie Mercury incluida en el tercer álbum de Queen, *Sheer Heart Attack*. Era el single estrella que la banda estaba buscando y fue un gran éxito tanto en el Reino Unido como en los Estados Unidos. En este tema se aprecian las armonías a cuatro voces y el acompañamiento de la guitarra característicos de la banda, alejándose del hard rock progresivo de sus dos primeros álbumes para adentrarse en un territorio glam-pop más operístico. Lanzado como un sencillo de doble cara A con «Flick of the Wrist», «Killer Queen» contaba la historia de una «prostituta de clase alta», (aunque una o dos líneas [por ejemplo, «if you're that way inclined»] apuntan a otros posibles significados: la prostituta en cuestión podría ser un travesti o una potencial traficante de drogas). Freddie era consciente de que se trataba de un estilo muy diferente a lo que la gente esperaba de Queen, ya que dijo: «casi esperas que cante Noel Coward». Describió a la prostituta como de «uno de esos números con bombín y liguero negro» y añadió: «lo que intento decir es que la gente con clase también puede ser puta».

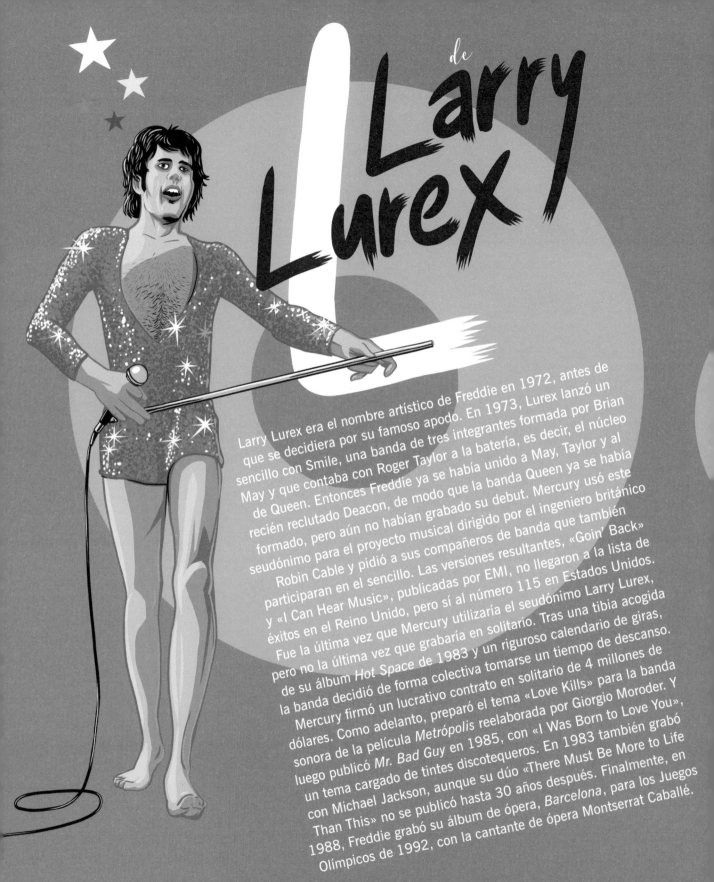

Larry Lurex

de

Larry Lurex era el nombre artístico de Freddie en 1972, antes de que se decidiera por su famoso apodo. En 1973, Lurex lanzó un sencillo con Smile, una banda de tres integrantes formada por Brian May y que contaba con Roger Taylor a la batería, es decir, el núcleo de Queen. Entonces Freddie ya se había unido a May, Taylor y al recién reclutado Deacon, de modo que la banda Queen ya se había formado, pero aún no habían grabado su debut. Mercury usó este seudónimo para el proyecto musical dirigido por el ingeniero británico Robin Cable y pidió a sus compañeros de banda que también participaran en el sencillo. Las versiones resultantes, «Goin' Back» y «I Can Hear Music», publicadas por EMI, no llegaron a la lista de éxitos en el Reino Unido, pero sí al número 115 en Estados Unidos. Fue la última vez que Mercury utilizaría el seudónimo Larry Lurex, pero no la última vez que grabaría en solitario. Tras una tibia acogida de su álbum *Hot Space* de 1983 y un riguroso calendario de giras, la banda decidió de forma colectiva tomarse un tiempo de descanso. Mercury firmó un lucrativo contrato en solitario de 4 millones de dólares. Como adelanto, preparó el tema «Love Kills» para la banda sonora de la película *Metrópolis* reelaborada por Giorgio Moroder. Y luego publicó *Mr. Bad Guy* en 1985, con «I Was Born to Love You», un tema cargado de tintes discotequeros. En 1983 también grabó con Michael Jackson, aunque su dúo «There Must Be More to Life Than This» no se publicó hasta 30 años después. Finalmente, en 1988, Freddie grabó su álbum de ópera, *Barcelona*, para los Juegos Olímpicos de 1992, con la cantante de ópera Montserrat Caballé.

Las sesiones con Michael Jackson se vinieron abajo cuando Freddie llamó a su mánager, Jim Beach, y le dijo: «Michael está trayendo su llama al estudio todos los días y yo no estoy acostumbrado a grabar con una llama. Ya he tenido suficiente, me quiero ir». El equipo de Jackson afirmó que el cantante se retiró cuando vio a Freddie «esnifando cocaína con un billete de cien dólares».

La última canción que escribió Freddie Mercury fue un tema llamado «Mother Love». Compuesta también por Brian May, la canción apareció en el último álbum de Queen, *Made in Heaven*. Freddie cantó el tema y quiso hacerlo «lo más fuerte posible», pero se quedó sin energía antes del último verso. Falleció unas semanas después... con la última sección del tema inacabada. May utilizó partes de la versión de Larry Lurex de «Goin' Back» para completar la canción. La primera grabación de Freddie se convirtió en la última.

El nombre Larry Lurex es un juego de palabras entre el nombre artístico de la superestrella de la época (ahora caída en desgracia) Gary Glitter y la marca de lana metálica llamada Lurex.

Hace poco se vendieron por 1.400 libras unas copias de la primera edición del single de 7 pulgadas (con «I Can Her Music» mal escrito en la etiqueta).

Mientras que «Love Kills» alcanzó el número diez en la lista de singles del Reino Unido, en 1985, la reedición de *Metrópolis* de Moroder fue nominada en la 5ª entrega de los Golden Raspberry Awards como peor banda sonora y el tema de Freddie fue nominado como peor canción original.

El álbum que Larry Lurex grabó con Smile era el primer trabajo en el que participaba Mercury. En él figuraban «I Can Hear Music», un antiguo éxito de The Ronettes y los Beach Boys, y «Goin' Back», escrito por Goffin/King, que había sido un éxito de Dusty Springfield y The Byrds.

también de

«Love of My Life»
Probablemente Freddie escribió esta canción estrella del álbum *A Night at the Opera* pensando en Mary Austin, el amor de su vida. La letra habla de una relación que se está desintegrando, aunque en el momento de escribirla, Freddie aún seguía en el armario, incluso para Mary Austin. A propósito de la canción, Freddie supuestamente declaró: «Odio eso de intentar recrear los álbumes en el directo. A veces hacemos cambios deliberados. Es el caso de "Love of my Life", por ejemplo. En el disco yo toco el piano, pero en el escenario solamente Brian toca la guitarra y yo canto, porque así es como funciona mejor en el escenario».

«Living On My Own»
Publicada en 1985, esta canción fue el single principal del primer LP en solitario de Freddie Mercury, *Mr. Bad Guy*. El tema trata de la profunda soledad que sintió Freddie en esa época antes de conocer a Jim Hutton, que más tarde se mudaría con él. En el Reino Unido se posicionó en el número 50; sin embargo, en 1993, dos años después de la muerte de Freddie, el grupo de baile irlandés No More Brothers remezcló el tema y lo llevó al número uno en el Reino Unido y Francia.

Lucy Boynton
La actriz Lucy Boynton interpretó el papel de Mary Austin en la película *Bohemian Rhapsody*. Poco después, empezó a salir con Rami Malek, que desempeñó el papel de Freddie. Anteriormente, había participado en la película *Miss Potter* de 2006 interpretando a Beatrix Potter de joven.

Moustache (bigote)

Freddie aparece por primera vez con su famoso bigote alrededor de 1980, año en que se publica *The Game*. Freddie optó por el bigote como una forma de reivindicación inspirándose en la escena de los clubs gays de Nueva York (los hombres homosexuales habían empezado a dejarse bigote tras los disturbios de Stonewall en Nueva York en 1969). En aquella época, muchos fans en los conciertos de EE.UU. lanzaban cuchillas de afeitar al escenario en un intento de que se lo afeitara. Más adelante, comenzó a comercializarse el bigote con clip «Freddie for a Day» en la tienda online de Queen.

Made in Heaven

El decimoquinto y último álbum de estudio de Queen publicado tras la muerte de Freddie. *Made in Heaven* está compuesto por grabaciones realizadas cuando Mercury seguía vivo e incluye reelaboraciones de temas ya publicados. El álbum suscitó reacciones mixtas por parte de la crítica: algunos consideraron que era una obra conmovedora, otros, en cambio, señalaron que su emotividad no compensaba la naturaleza fragmentada de la colección. El álbum llegó al número uno en el Reino Unido y alcanzó cuatro veces las ventas de platino.

Micrófono

El micrófono de Freddie era uno de sus sellos distintivos. Estaba sujeto en medio soporte sin base y esto le permitía moverse libremente por el escenario sin dejar de mantener la apariencia de un soporte de micrófono normal, esencialmente haciéndolo parecer libre y anclado a la vez.

George Michael

En abril de 1992, George cantó «Somebody to Love» en el concierto de homenaje a Freddie Mercury. Fue una actuación impresionante, pero él mismo aseguró que era la canción más difícil que había cantado en su vida.

May intervino como asesor en la película *Bohemian Rhapsody*. Su papel fue interpretado de forma muy convincente por el actor Gwilym Lee.

Durante los últimos días de su vida, Freddie le contó a May que había perdido la mayor parte del pie a causa de la enfermedad. «Nos lo enseñó [su pie] en la cena. Dijo: "Ay, Brian, siento haberte molestado mostrándote eso". Le contesté: "No estoy molesto, Freddie, excepto por haberme dado cuenta de que tienes que soportar todo este terrible sufrimiento"», explicó May.

Como ávido coleccionista de la fotografía estereoscópica victoriana, May construyó su propio visor de fotografías en 3D, el OWL Stereoscopic Viewer, y recopiló un libro de imágenes estereoscópicas titulado *A Village Lost and Found*, que traslada al lector a la vida de un pueblo de Oxfordshire en la década de 1850.

En 2005 Brian May fue nombrado Comendador de la Orden del Imperio Británico (CBE). Y en 2007 obtuvo un doctorado en astrofísica. Su tesis se titula «Estudio de las velocidades radiales en la nube de polvo zodiacal».

Cuando Mercury escribió la canción «Soul Brother» en 1982 (cara B de «Under Pressure»), le dijo a May: «He escrito una canción sobre ti, pero necesita tu toque». «He's my best friend, he's my champion, and he will rock you», versaba la letra de la canción («Es mi mejor amigo, mi campeón y te hará vibrar»).

M de Brian May

Brian May nació en Hampton el 19 de julio de 1947. En la universidad formó la banda Smile con Roger Taylor. Pero al cambiar la formación para incluir a John Deacon y Freddie Mercury en 1972, la banda se convirtió en Queen. Como es bien sabido, May construyó su propia guitarra, la Red Special, la cual le confirió el sonido único de la guitarra de Queen que puede escucharse en tantas canciones clásicas, especialmente en la legendaria «Bohemian Rhapsody». La construyó con su padre, Harold, y para el mástil utilizaron la madera del marco de una chimenea, por ello a veces se referían a la guitarra como *The Fireplace* (La Chimenea). Algunas de las canciones más famosas que Brian May escribió para Queen son «We Will Rock You», «Fat Bottomed Girls», «Save Me» y «Flash». May, que era una persona muy reservada, apenas manifestó sus sentimientos tras la muerte de Freddie Mercury; sin embargo, en una entrevista con el *Sunday Times* en 2017 se sinceró y remarcó que a Freddie le faltaron tan solo unos meses para poder recibir el cóctel de medicamentos contra el sida que podría haber prolongado su vida de forma significativa. En una entrevista con el *Telegraph* en 2011 declaraba: «Freddie está en mis pensamientos todos los días». No es de extrañar que Queen fuera una banda tan única y exitosa. No solo contaban con uno de los mejores cantantes/compositores de todos los tiempos, sino también con uno de los mejores guitarristas: una combinación perfecta que daría lugar a ideas sonoras muy complejas y desarrolladas.

Aunque se publicó tan solo un año después de *A Day at the Races*, el disco *News of the World* supuso un cambio significativo en el sonido de Queen. El auge del punk había provocado que el rock progresivo y el glam, dos de las señas de identidad de Queen, cayeran en picado. Como respuesta, Queen se decantó por un enfoque más minimalista. Publicado en octubre de 1977, el álbum incluía dos de los temas más memorables de Queen: «We Will Rock You», el perfecto comienzo de un concierto en directo, y «We Are the Champions», un divertido y jactancioso tema escrito por Mercury. Los temas se publicaron como un sencillo de doble cara A y se posicionaron en el número dos en el Reino Unido. El álbum se situó en la cuarta posición en el Reino Unido y fue un éxito masivo en los Estados Unidos, donde llegó al número tres y alcanzó cuatro veces las ventas de platino. *News of the World* contaba con menos composiciones de Mercury y May. A cambio, Deacon y Taylor compusieron dos canciones cada uno. El álbum incluye la canción de Taylor «Sheer Heart Attack», un tema que inicialmente iba a aparecer en su tercer álbum del mismo nombre. La banda experimentó con una variedad de estilos en este disco, como la música disco, el jazz, la música latina y el blues. La famosa portada presenta una adaptación de una ilustración de un robot dibujado previamente por el artista de ciencia ficción Frank Kelly Freas para un número de la revista *Astounding Science Fiction* de 1953. Freas sustituyó el hombre muerto original por los cuatro miembros de la banda.

N de

News of the World

Queen grabó *News of the World* en los estudios Wessex al mismo tiempo que los Sex Pistols grababan *Never Mind the Bollocks*. Con dos bandas que eran la antítesis la una de la otra, las cosas tenían que ir mal. Sid Vicious entró en el estudio y se mofó de Mercury: «¿Ya has conseguido llevar el ballet a las masas?» (Mercury había afirmado con sorna que esa era su intención en una entrevista para la *NME*). Después de llamarle ingeniosamente Simon Ferocious, Mercury respondió: «Hacemos lo que podemos, querido».

El robot de la portada se apodaba «Frank». Como curiosidad, en un episodio de *Padre de familia*, Stewie se asusta cada vez que ve la imagen del robot.

Según el biógrafo de Queen, Daniel Nester, Freddie intimidó a Sid Vicious al juguetear con los imperdibles de su chaqueta de cuero y bromear: «Dime, ¿has colocado tú estos imperdibles así?».

El ingeniero de los Pistols, Bill Price, afirmó que Johnny Rotten admiraba a Freddie y quería conocerlo. Para conseguirlo, se arrastró por el suelo del estudio y apareció junto al piano de Mercury. Al parecer, dijo: «Hola Freddie», y se fue.

N

también de

«Nevermore»

Este tema del segundo álbum de Queen es significativo porque utiliza una armonía a tres voces de May, Deacon y Taylor, un presagio de «Bohemian Rhapsody».

Nail Polish (esmalte de uñas)

Es bien sabido que Mercury se maquillaba, pero también llevaba las uñas pintadas, normalmente de negro y en la mano izquierda. Esto se debe a que era diestro, por lo que solo podía pintarse las uñas de la mano izquierda.

Nicknames (apodos)

En la escuela, Freddie todavía usaba el nombre de Farrokh Bulsara, pero debido a su dentadura lo llamaban (cariñosamente) «Bucky», en referencia a sus dientes de conejo.

Notebook (bloc de notas)

En 2016, un cuaderno de Freddie Mercury con letras de sus canciones salió a subasta en la casa de subastas Bonhams. Contenía las letras de 19 canciones, entre ellas «Too Much Love Will Kill You» y «The Show Must Go On». Se vendió por 62.500 libras.

Freddie había escrito «We Are the Champions» dos años antes, pero todavía no se había incluido en un álbum. Desde entonces es uno de los temas más populares de Queen. Refiriéndose a la canción, Freddie comentó: «Estaba pensando en el fútbol cuando la escribí. Quería una canción participativa, algo a lo que los fans pudieran sumarse». La canción fue el tema oficial de la Copa Mundial de la FIFA de 1994 y entró en el Salón de la Fama de los Grammy. En 2005, una encuesta de Sony sobre las canciones favoritas del mundo la situó en el número uno.

O también de

Obituario

La ubicación de las cenizas de Mercury siempre se ha mantenido en secreto; no obstante, desde hace tiempo se especula que se encuentran en el cementerio de Kensal Green. Allí hay una inscripción con la leyenda «Pour étre toujours pres de toi avec tout mon amour – M» («Para estar siempre cerca de ti con todo mi amor»). Se cree que la M es de Mary Austin; sin embargo, cuando alguien se lo preguntó, respondió que era «poco probable» que se hubiera descubierto el lugar donde estaban las cenizas de Freddie y que ese secreto «se lo llevaría con ella a su propia tumba».

Olimpiadas

En 2012, para la clausura de los Juegos Olímpicos de Londres, Freddie apareció proyectado en una pantalla gigante incentivando la participación del público. El público se entusiasmó de inmediato y, a continuación, Brian May tocó una versión increíble del solo de guitarra de «Brighton Rock». Como colofón, Jessie J subió al escenario y cantó «We Will Rock You».

Overbite (sobremordida)

Freddie tenía cuatro dientes de más en la parte superior de la mandíbula. Por ello, sus dientes delanteros estaban empujados hacia delante, de ahí su aspecto único. Nunca quiso arreglárselos porque creía que sus cuerdas vocales podrían sufrir daños durante la operación.

Para poner la voz de Freddie en perspectiva, Beyoncé tiene un rango vocal de tres octavas, mientras que se cree que Mariah Carey puede alcanzar las notas superiores de cinco octavas. Entre los cantantes pop masculinos con un rango potencial de cuatro octavas se encuentran Michael Jackson y Axl Rose.

Al parecer, en una ocasión Freddie bromeó sobre Caballé diciendo: «Gracias a mí se ha convertido en una rockera».

Durante mucho tiempo se pensó que Freddie tenía un rango vocal de cuatro octavas, aunque nunca se confirmó oficialmente. Sin duda tenía un rango de tres octavas, de Fa#7 a Sol5. En cualquier caso, su voz era notable por su control único del vibrato y otras técnicas intrincadas y sutiles.

Barcelona '92

«Barcelona» es uno de los singles de mayor éxito de Mercury, a pesar de no haberlo grabado con Queen. Mercury y Caballé llegaron a interpretar la canción juntos en directo en varias ocasiones, incluida su presentación en el Ku Club de Ibiza en mayo de 1987. El dúo iba a cantarla en la inauguración de los Juegos Olímpicos de 1992, pero lamentablemente Freddie falleció en 1991 antes de que la actuación pudiera tener lugar.

Cuando Caballé falleció en 2018, Brian May dijo que era una «inspiración para todos nosotros, pero especialmente para Freddie.» Y añadió: «Su hermosa voz estará con nosotros para siempre».

Mercury cantó la parte de Caballé en falsete porque su apretada agenda no le permitió grabar su propia pista. Más tarde Caballé dobló la pista utilizando la guía vocal de Mercury.

de Ópera

Mercury era un gran amante de la ópera. Su pasión por el género se manifestó durante la carrera de Queen y posteriormente en su segundo álbum en solitario, titulado *Barcelona*, que grabó con la soprano Montserrat Caballé. La canción que da título al disco, «Barcelona», estaba pensada para los Juegos Olímpicos de Barcelona, pero el proyecto creció hasta convertirse en un álbum de canciones a dúo con Caballé que incluía composiciones originales de Mercury y del compositor Mike Moran, con algunas composiciones adicionales de Tim Rice. Siendo Caballé de Barcelona, el proyecto era muy especial para ella. Freddie la admiraba; siempre que le preguntaban quién era su cantante favorita, respondía: «Montsy», su apodo cariñoso para Caballé. La había visto en *Un Ballo in Maschera*, de Verdi, en la Royal Opera House. Desde ese momento, fue tras ella. La conquistó con la canción «Exercises in Free Love», en la que había cantado las partes vocales de Caballé en falsete. La soprano dijo al respecto: «Cuando se sentó al piano para improvisar, me di cuenta de que tenía ante mí a un gran músico». La canción «Barcelona» alcanzó el número ocho en las listas del Reino Unido en 1987, no obstante, el álbum tardó más tiempo en completarse, ya que para entonces Mercury luchaba contra el sida.

P de Parties

(fiestas)

Pese a ser un hombre sumamente reservado y tímido en público, lo cierto es que Mercury se divertía como el que más. Aparte de los clubs nocturnos, las reuniones sociales y los lanzamientos de discos, Mercury organizó tres fiestas muy sonadas: una cuando cumplió 31 años, otra cuando cumplió 39 y otra con motivo del lanzamiento del álbum *Jazz*. La fiesta por su 31º cumpleaños se celebró el 5 de septiembre de 1977 (exactamente el día de su aniversario) en un extravagante restaurante de Kings Road, en Londres, llamado Country Cousin. Freddie envió unas invitaciones escritas a mano con el código de vestimenta «¡vístete para matar!». Entre los invitados se encontraban sus compañeros de banda, Mary Austin, Elton John y Kenny Everett. La celebración de los 39 tuvo lugar en Múnich y fue todo un acontecimiento en el que participaron drag queens. La fiesta de presentación del álbum *Jazz* se celebró en el Hotel Fairmont de Nueva Orleans en 1978. Esta es la más legendaria de todas sus fiestas, todo un derroche de champán y cocaína, acompañados de un despliegue de espectáculos escandalosos. Tiempo después, Freddie se hizo muy amigo de los hijos del productor de Queen, Reinhold Mack (era además el padrino de John Frederick, a quien llamaban «el pequeño Freddie»). En una ocasión Freddie le preguntó a Julian, el hijo mayor de Mack, qué quería para su cumpleaños y este le contestó: «Lo único que quiero es que te presentes en mi fiesta con el disfraz del vídeo de "It's a Hard Life"». Así que Freddie apareció con el extraordinario mono rojo de plumas cubierto de ojos. En palabras de Mack: «Le oí cambiarse en mi dormitorio [murmurando]: "Puedo hacer esto en el escenario. Puedo hacer esto en esta fiesta..."» Cuando cumplió 41 años, Mercury ya debía conocer su diagnóstico, pero aun así organizó otra fiesta, decidido a celebrar la vida, pasara lo que pasara.

Freddie y la banda solían interpretar algunos temas en sus fiestas. Los amigos a veces acompañaban en los coros, como Mary Austin, que solía ponerse al micrófono.

Freddie celebró su 41 cumpleaños en Ibiza. Para la ocasión se descorcharon 350 botellas de Moët et Chandon (y la fiesta acabó con 232 vasos rotos). Entre los invitados se encontraban Kylie Minogue, Boy George y Bon Jovi. Además, dicen que los fuegos artificiales se escucharon desde Mallorca. El mánager Jim Beach aseguró que él pagó la cuenta.

Elton John dijo que era incapaz de seguir el ritmo de la vida social de Freddie, afirmando: «Freddie podía salir de fiesta más que yo». Y esto viniendo de un hombre que, al parecer, una vez, habiendo consumido una enorme cantidad de cocaína, llamó a la recepción de un hotel y pidió que bajaran el volumen del viento.

Aunque supuestamente no había salido del armario, las imágenes de las fiestas de Freddie le muestran muy abierto en cuanto a su sexualidad ante sus amigos.

La fiesta para el lanzamiento del álbum *Jazz* presuntamente contó con modelos de ambos sexos que luchaban en el barro desnudos, camareros con bandejas de cocaína en la cabeza, camareros sin ropa y gente mordiendo las cabezas de los pollos.

P
también de

Padres
Los padres de Freddie, Bomi y Jer Bulsara, eran originarios de Guyarat (India). Se trasladaron a Zanzíbar por motivos de trabajo, pero emigraron al Reino Unido en 1964 tras el levantamiento de Zanzíbar. Cuando asistieron al primer concierto de Queen, como teloneros de Mott the Hoople en el Hammersmith Odeon, Jer afirmó: «Mi hijo estaba mostrando lo mejor de sí mismo... Dije que asistiría a todos los conciertos... Pero solía pedirle que se cortara el pelo. Él decía: "No, no mamá, así es como soy"».

Pintura
Freddie era un pintor y artista gráfico de gran talento. Estudió arte en el Isleworth Polytechnic de West London (ahora West Thames College) y en el Ealing Art College. Todo indica que se habría dedicado al arte de no haberse convertido en músico. De hecho, empleó sus habilidades más tarde para diseñar el logotipo de la banda, el escudo de Queen.

Papel
La interpretación más conocida de Freddie Mercury es, sin duda, la de Rami Malek en la película *Bohemian Rhapsody*, debido en gran medida a su victoria en los Óscar. Previamente a la actuación de Malek, Sacha Baron Cohen y Ben Whishaw habían sido seleccionados para el papel.

Piano
A pesar de ser un pianista muy talentoso, Freddie se sentía cohibido por su habilidad con el piano, especialmente cuando tocaba en directo. Eso sí, escribió la mayoría de sus canciones al piano. Se dice que tenía un piano como cabecera de su cama para poder tocar cada vez que se despertaba con inspiración.

¿Qué dijo Freddie Mercury?

«Solo soy una prostituta musical, querida.»

«No, no quiero ir al cielo. El infierno es mucho mejor. Piensa en toda la gente interesante que puedes conocer allí.»

«No seré una estrella del rock, seré una leyenda.»

«Estoy poseído por el amor, pero ¿acaso no lo está todo el mundo?»

«Cuando esté muerto, ¿a quién le importa? A mí no.»

«Lo más importante es vivir una vida fabulosa. Mientras sea fabulosa, no me importa cuánto dure.»

«El concepto de Queen es ser regio y majestuoso. El glamour forma parte de nosotros, queremos ser dandis.»

«Me encanta el hecho de poder hacer feliz a la gente, de cualquier forma. Aunque solo sea una hora de sus vidas, si puedo hacer que se sientan afortunados o que se sientan bien, o sacar una sonrisa a un rostro amargado, eso para mí vale la pena».

«Siempre supe que iba a ser una estrella. Y ahora parece que el resto del mundo está de acuerdo conmigo.»

«¿Qué haré dentro de veinte años? Estaré muerto, querido, ¿te has vuelto loco?»

«¿Está Billy Idol haciendo una mala imitación de Elvis o realmente nació así?»

«No tengo remedio con el dinero, simplemente gasto lo que tengo.»

«Mis melodías son superiores a mis letras.»

«Nos hemos excedido en todos los álbumes de Queen, pero así es Queen.»

«Quiero vivir la vida victoriana, rodeado por un exquisito desorden.»

«A los demás no les gustan mis entrevistas y, francamente, a mí no me importan mucho las suyas.»

El nombre de Queen fue idea de Freddie. Conocía las connotaciones, pero cuando le preguntaron al respecto, dijo: «Se me ocurrió el nombre de Queen hace años. Es solo un nombre. Pero es regio, obviamente, y suena espléndido».

Algunos de los músicos que han participado regularmente en las giras de Queen son Stephen Fisher, teclista de Mott the Hoople, Fred Mandel, guitarrista de sesión (el cual tocó en *The Wall* de Pink Floyd), Jamie Moses, segundo guitarrista de Brian May desde 1992 y, posteriormente, Rufus Tiger Taylor, hijo de Roger, a la batería.

El famoso fotógrafo Mick Rock tomó la foto de la banda para la portada de *Queen II*. Esta imagen tan icónica se utilizó como plantilla para los visuales de apertura en el vídeo de «Bohemian Rhapsody».

Freddie dijo que «el objetivo de Queen era ser original».

En 2005, Queen recibió el premio Ivor Novello por su excelente colección de canciones. Todos los miembros de la banda escribieron singles de éxito.

El cantante Adam Lambert, que ha estado de gira con Queen desde 2011, se enamoró de la banda tras ver la famosa escena de «Bohemian Rhapsody» en la película *Wayne's World*.

Queen es la segunda banda que más discos ha vendido en la historia del Reino Unido, con una cifra estimada de 170 millones de álbumes vendidos en todo el mundo (aunque, debido a discrepancias en los registros, esta cifra podría ascender a 300 millones).

HALL OF FAME

Los inicios de Queen se remontan a la banda universitaria Smile, formada por Brian May como guitarrista, Roger Taylor como batería y Tim Staffell como vocalista. Después de que Staffell dejara la banda en 1970, May y Taylor reclutaron a Freddie Mercury y John Deacon. Al principio se centraron sobre todo en el hard rock progresivo. Los álbumes posteriores cosecharon numerosos éxitos y trazaron una dinámica de banda evolutiva que llevó a Queen a convertirse en una de las mayores bandas de rock de estadio de todos los tiempos. Grabaron 18 álbumes que llegaron al número uno en todo el mundo y 18 singles también alcanzaron el primer lugar de la lista. En 2001, ingresaron en el Salón de la Fama del Rock and Roll. Los logros de Queen incluyen, entre otros: tener el álbum de grandes éxitos más vendido de la historia de las listas de éxitos del Reino Unido. Haber superado el récord Guinness por permanecer el mayor número de semanas en las listas de éxitos. Ser elegido «Bohemian Rhapsody», en una encuesta organizada por el libro Guinness de los éxitos británicos, como single favorito del Reino Unido. Ser elegidos por los oyentes de la BBC 2 como la mejor banda británica que ha existido. Y recibir en 2018 el prestigioso Premio Grammy a la carrera artística. A pesar de su vinculación eterna con Freddie Mercury, Queen ha continuado su andadura después de su fallecimiento, contando con el talento de George Michael, Paul Rodgers y Adam Lambert. Asimismo, Lisa Stansfield y Annie Lennox han colaborado con la banda para cantar las partes vocales de Mercury.

de
Queen

de Records (discos)

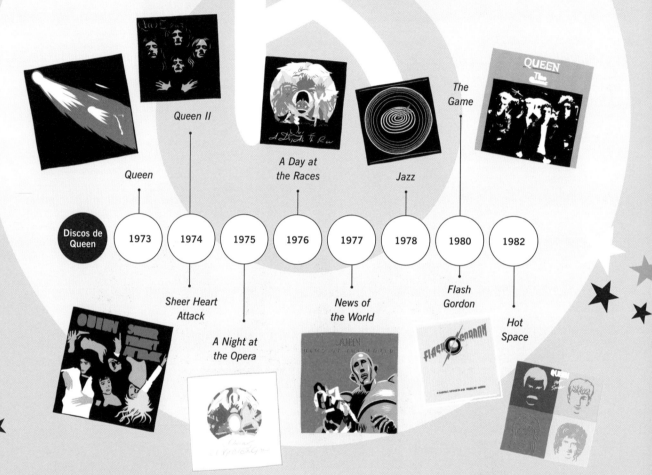

Discos de Queen

Queen — 1973

Queen II — 1974

Sheer Heart Attack — 1974

A Night at the Opera — 1975

A Day at the Races — 1976

News of the World — 1977

Jazz — 1978

The Game — 1980

Flash Gordon — 1980

1982 — Hot Space

Queen sumó un total de 18 números uno tanto en álbumes como en singles, repartidos entre álbumes de estudio y recopilaciones. En sus primeros discos se les comparó con Led Zeppelin; y cuando las armonías empezaron a ser una de sus características se les comparó con The Beach Boys. El propio Freddie grabó dos discos en solitario, *Mr. Bad Guy* y *Barcelona*, un álbum de ópera con la soprano Monserrat Caballé. Los dos primeros elepés de la banda, *Queen* y *Queen II*, eran festivales de fantasía-folk y heavy metal con extensos instrumentales y letras de *El Señor de los Anillos*, algo muy distinto a lo que sería Queen en años posteriores.

Algunos de los títulos de estos primeros discos son «My Fairy King», «Great King Rat», la imprescindible «Seven Seas of Rhye» (que aparece en ambos álbumes y presenta un increíble solo de May), «The March Of The Black Queen» y «Ogre Battle» (otro festival de guitarras que mostraba el impresionante rango vocal de Freddie). Luego vino *Sheer Heart Attack*, que tal vez debería haberse llamado Sheer Chart Attack (Puro ataque

también de

Cliff Richard

Mercury y Richard trabaron una amistad de lo más inesperada que les llevó a unirse en 1988 en una representación benéfica especial del musical *Time* para recaudar fondos destinados a la lucha contra el sida. Cantaron la canción de Cliff Richard: «It's in Every One of Us». Además, dicen que Richard estuvo visitando y dando apoyo a Mercury en varias ocasiones antes de su fallecimiento.

«Radio Ga Ga»

Este clásico de Queen escrito por Roger Taylor brindaba la oportunidad perfecta para que Freddie protagonizara grandes momentos con el público. En los conciertos de Queen, las palmas se convirtieron en un elemento básico de participación del público.

Little Richard

No es de extrañar que el extravagante Little Richard fuera una de las influencias más notables de Freddie. Aunque puede que no tuvieran mucho en común musicalmente, ya solo su habilidad para el espectáculo es suficiente para vincularlos de forma permanente en la historia.

Rosa

Un par de años después de la muerte de Freddie, los fans recaudaron 2.000 libras para que una rosa llevara su nombre. Eligieron una rosa híbrida de té de color albaricoque (porque era el tono más parecido a sus rosas amarillas favoritas). Oficialmente se denomina Rosa × odorata 'Freddie Mercury', pero es más conocida como la rosa Freddie Mercury.

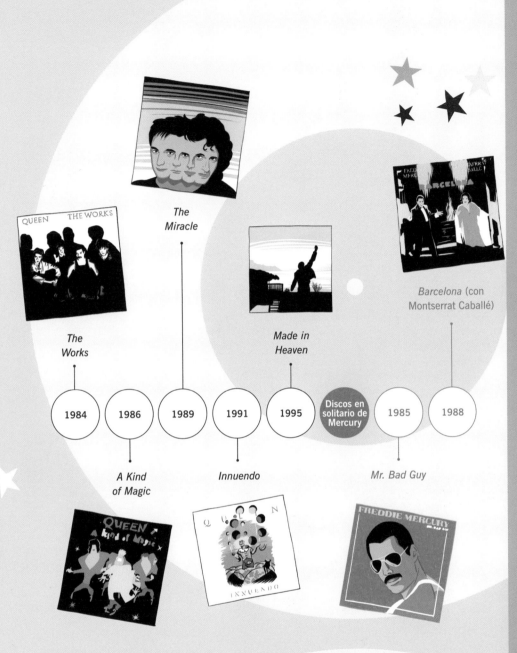

The Miracle

Barcelona (con Montserrat Caballé)

The Works

Made in Heaven

| 1984 | 1986 | 1989 | 1991 | 1995 | Discos en solitario de Mercury | 1985 | 1988 |

A Kind of Magic

Innuendo

Mr. Bad Guy

a las listas de éxitos), porque «Killer Queen» se convirtió en un éxito rotundo y a partir de ese momento no hubo vuelta atrás para la banda. El siguiente álbum, *A Night at the Opera*, incluye su tema más famoso, «Bohemian Rhapsody». La transición de la música extravagante y vistosa de esos álbumes hacia el dominio del rock de estadio fue asombrosamente hábil. Entretanto, Queen perfeccionó sus habilidades compositivas para ofrecernos irresistibles himnos deportivos como «We Are the Champions» y «We Will Rock You» en *News of the World*, el pop icónico de «Crazy Little Thing Called Love» y «Another One Bites the Dust» en *The Game* y singles que arrasan en las listas de éxitos como «Radio Ga Ga» y «I Want to Break Free» en *The Works*.

también de

Sex Pistols

La famosa entrevista de los Sex Pistols en el programa *Today* de Bill Grundy casi no llega a suceder. Y es que estaba previsto que Queen participara en el programa, pero en el último momento no pudieron hacerlo. Como alternativa, EMI propuso que fueran los Sex Pistols. Sus palabrotas y su desprecio causaron mucho escándalo y cambiaron la historia de la música.

Gerry Stickells

Como *roadie* y luego mánager de gira de Jimi Hendrix, Stickells ya había adquirido sus credenciales en el mundo del rock. Se convirtió en el *road manager* de Queen y en un buen amigo de Freddie, el cual era un gran admirador de Hendrix. Stickells estuvo con Queen y Freddie hasta el final. Murió de un tumor cerebral en marzo de 2019 a la edad de 76 años.

«Seven Seas of Rhye»

Este tema tan impactante del álbum de debut de Queen era tan bueno como instrumental que se publicó de nuevo en *Queen II* como canción completa. No solía faltar en los conciertos de Queen. Aunque la escribió Mercury, quien brillaba con ella era Brian May desplegando todo su talento como guitarrista. La canción es el primer tema que Queen presentó en *Top of the Pops*, una interpretación en directo de 1974.

Jane Seymour

Freddie Mercury se «casó» con la actriz Jane Seymour para el evento Fashion Aid en 1985. Su atuendo de boda era una versión de su famosa chaqueta militar, mientras que el traje de Jane Seymour fue diseñado por los Emanuel, los mismos diseñadores que hicieron el vestido de novia de la princesa Diana.

La canción «The Show Must Go On» se caracteriza por su tono desafiante, pero también por ser bastante sombría en algunas partes. Era la última canción de *Innuendo* y, posteriormente, se utilizó como tema promocional del álbum *Greatest Hits II* de Queen publicado en 1991. Alcanzó la posición 16 en el Reino Unido y fue reeditada tras la muerte de Mercury, permaneciendo seis semanas en las listas de éxitos.

En 1997, Queen interpretó «The Show Must Go On» con Elton John y el ballet de Maurice Béjart en París. Fue la última actuación en directo de Queen en la que participó John Deacon. Tras el concierto, el bajista anunció oficialmente su retirada de la música.

Refiriéndose a «The Show Must Go On», Brian May dijo lo siguiente: «Me senté con Freddie, decidimos cuál debía ser el tema y escribimos el primer verso. Es una larga historia, la de esa canción, pero a mí siempre me pareció que iba a ser importante porque estábamos abordando cosas que en ese momento eran difíciles de hablar, en cambio en el mundo de la música podías hacerlo».

Elton John creó la Fundación Elton John contra el SIDA. Dijo: «Yo no debería estar aquí hoy. Debería estar muerto, a dos metros bajo tierra en una caja de madera. Debería haber contraído el VIH en los años ochenta y haber muerto en los noventa, como Freddie Mercury, o como Rock Hudson. Todos los días me pregunto cómo pude sobrevivir».

«The Show Must Go On» contiene la frase tragicómica «Inside my heart is breaking, my makeup may be flaking, but my smile, still, stays on» («Por dentro mi corazón se está rompiendo, puede que mi maquillaje se esté estropeando, pero mi sonrisa, sin embargo, no desaparece»). Jim Hutton, compañero de Freddie, se refirió a ella en su biografía afirmando que «era cierto. Por muy enfermo que se sintiera, Freddie nunca se quejaba ante nadie ni buscaba compasión de ningún tipo. Era su batalla, la de nadie más, y siempre mostraba una actitud valiente frente a las crecientes dificultades que se le presentaban».

A finales de los 80, la concienciación sobre el sida empezaba a extenderse, aunque no lo suficientemente rápido. Rock Hudson anunció su diagnóstico en 1985, mientras que su amiga Elizabeth Taylor se convirtió en una firme defensora, al igual que Madonna (después de que su amigo, el artista Keith Haring, muriera de la enfermedad). Además, cuando el jugador de baloncesto Magic Johnson reveló su diagnóstico, fue muy significativo que se tratara de un hombre heterosexual, ya que cambió la percepción de que el sida estaba vinculado únicamente a comportamientos homosexuales de riesgo.

Brian May declaró: «Cuando nos enteramos que Freddie tenía este terrible virus del SIDA en su cuerpo, no terminábamos de creérnoslo... Pensabas: no puede pasarle a nuestro compañero, no puede pasarle a Freddie. Habrá alguna forma de salir de esta, se va a curar».

S de The Show Must Go On

La canción «The Show Must Go On», escrita por Brian May para *Innuendo*, ha cobrado un significado especial y conmovedor. Era el modo en que May plasmaba la valiente lucha de Freddie contra el sida, una canción en la que, a pesar de su sufrimiento, Mercury se entregó a fondo. May le dijo: «Fred, no sé si será posible cantar esto». Y Mercury respondió: «Lo haré, querido», luego se tomó un vodka y, en palabras de May, «se puso a cantar y la clavó». La canción era un acto de desafío ante la muerte, un himno triunfal. Probablemente, Freddie se enteró de su diagnóstico en 1987, en una época en la que el sida era un asunto prácticamente ignorado por los gobiernos y la gente no sabía realmente lo que estaba pasando. Una encuesta de *Los Angeles Times* reveló que la mayoría de los estadounidenses estaba a favor de poner en cuarentena a todos los seropositivos y el 42% quería cerrar los bares gay. Si a esto le unimos ese carácter reservado de Mercury, no es de extrañar que, cuando les dijo a sus compañeros de banda que tenía la enfermedad, no quisiera convertirse en la imagen del sida. Su última aparición en público fue para recoger el Premio Brit por la destacada contribución de Queen a la música británica, ocasión en la que se observó su aspecto demacrado y frágil. Cuando Freddie reveló su enfermedad, tan solo un día antes de su muerte, el 24 de noviembre de 1991, faltaban pocos meses para que saliera la combinación antirretroviral que podría haberle salvado la vida. Freddie murió en su casa, rodeado de sus seres queridos. Tras su muerte, los miembros restantes de Queen y su representante, Jim Beach, crearon la organización benéfica contra el sida Mercury Phoenix Trust.

El batería de Queen, Roger Taylor, nació en Norfolk el 26 de julio de 1949. Aparentemente, formó su primera banda, The Bubblingover Boys, a los siete años. Tocaba el ukelele. Como miembro de Smile (que luego se transformó en Queen), Taylor se dio a conocer por su singular sonido de batería, que consistía esencialmente en utilizar los tambores más grandes posibles para obtener el sonido más fuerte y «majestuoso». De hecho, dicen que cambiaba regularmente los kits de batería para adaptarse a la acústica del local. Cuando Smile se disolvió en 1970, Taylor, Mercury, May y Deacon formaron Queen. Entre los ídolos de Taylor figuran el baterista de Led Zeppelin, John Bonham; el baterista de Hendrix, Mitch Mitchell y el baterista de jazz estadounidense, Buddy Rich. Taylor también es un guitarrista y bajista consumado, además de ser bien conocido por su voz en falsete, sobre todo en la sección operística de «Bohemian Rhapsody» (en el vídeo de la canción se le puede ver incluso entonando el agudo 'Galileo'). En calidad de compositor, Taylor solía contribuir con frecuencia a las canciones de Queen, además de escribir al menos una propia en cada álbum. Algunos de sus mejores temas son «I'm In Love With My Car» y «Drowse». Tiene cinco hijos: Felix, Rufus, Tiger-Lily, Lola Daisy y Rory. Y, por si fuera poco, es licenciado en Biología.

T de Roger Taylor

En una entrevista concedida una semana después de la muerte de Mercury, Taylor declaraba: «Ha sido bastante angustioso leer la prensa... no lo conocían... se equivocan en casi todos los detalles... no entienden cómo era realmente en persona... una persona muy tímida, amable y simpática... nos sentimos absolutamente obligados a defenderle, porque él ya no puede defenderse por sí mismo».

Taylor ha publicado cinco álbumes en solitario: *Fun in Space, Strange Frontier, Happiness?, Electric Fire* y *Fun On Earth*. Con su banda The Cross (en activo desde 1988), ha publicado tres álbumes: *Shove It; Mad, Bad and Dangerous to Know* y *Blue Rock*. Además, coescribió tres números uno con Mercury: «These are the Days of our Lives», «Innuendo» y «Under Pressure».

En 2002, Taylor apareció en la tarjeta navideña de Woolworths «Twelve Drummers Drumming» destinada a fines benéficos. En esa imagen figuraba además el batería de Duran Duran, que casualmente también se llama Roger Taylor.

Taylor afirmó en una ocasión que no le interesaban mucho los aspectos técnicos de la batería, pues sentía que tocar la batería le salía del corazón, pero también admitió que las muñecas son muy importantes, al igual que los backbeats y los rimshots.

En 1970, el cantante de Genesis, Peter Gabriel, pidió a Roger Taylor que se uniera a la banda. Taylor declinó, por lo que rechazó el puesto de batería que acabaría ocupando Phil Collins.

Taylor trabajaba en un supermercado de Londres en 1970 y uno de sus compañeros de trabajo era Farrokh Bulsara. Al disolverse Smile, la banda de Taylor, Farrokh le convenció para que volviera a formar la banda y lo incluyera como cantante principal. Farrokh Bulsara cambió su nombre por el de Freddie Mercury. Smile cambió su nombre por el de Queen.

también de

Teeth (dientes)
Mercury contaba con cuatro incisivos adicionales en la parte posterior de la boca, que empujaban sus dientes delanteros hacia delante y le daban ese aspecto tan característico.

Tipple (bebida alcohólica)
La bebida preferida de Freddie era el champán, siempre Moët et Chandon, Louis Roederer o Cristal.

Timbre
La voz de Freddie era probablemente de barítono, aunque a menudo se le calificaba como tenor. Combinado con un control único del vibrato, este rango vocal confirió a Freddie una de las voces más célebres de la música rock.

Tupac
La idea de que Freddie apareciera como holograma en los Juegos Olímpicos de Londres 2012 se inspiraba en la extraordinaria actuación holográfica de Tupac Shakur en Coachella 2012. Para los Juegos Olímpicos, se utilizó una gran proyección de Mercury en lugar de un holograma 3D real; sin embargo, su ritual de llamada y respuesta con el público resultó dinámico y muy conmovedor. Más adelante, emplearían la técnica para el espectáculo *We Will Rock You*.

U

también de

Unplugged (acústico)

Sin duda, la actuación acústica de Freddie con Brian May en el Live Aid fue un momento que marcó un antes y un después. Pero lo que de verdad nos ha dejado boquiabiertos es un vídeo de YouTube de «Under Pressure», en el que solo se oyen las voces de Mercury y Bowie sin ningún tipo de acompañamiento musical. Es como si ambas leyendas estuvieran en la habitación contigo, cantándote directamente al alma.

United States

Queen conquistó Estados Unidos bastante pronto con el lanzamiento de «Bohemian Rhapsody», tema que llegó al número nueve en las listas. El éxito de la banda continuó con un álbum número uno con *The Game* y los singles «Another One Bites the Dust» y «Crazy Little Thing Called Love» alcanzando también la primera posición.

Unreleased (inédito)

El box set *The Solo Collection* contiene varias maquetas y canciones inéditas de Mercury, así como los dos duetos con Michael Jackson: «State of Shock» y «Victory». Entre los temas inéditos se encuentran también versiones de «The Phantom of the Opera» y «The Music of the Night», que en realidad fueron grabadas como maquetas de prueba para el musical de Lloyd Webber, para el papel que finalmente sería interpretado por Michael Crawford. Asimismo, un conjunto de improvisaciones en Garden Lodge incluye una versión de «The Girl from Ipanema».

El tema que se utilizó como cara B del single, «Soul Brother», lo compuso íntegramente Freddie Mercury. La canción «Cool Cat», la cual se suponía que Bowie iba a cantar, terminó como pista cinco del álbum *Hot Space*.

Queen interpretó la canción en todos sus conciertos hasta que dejaron de hacer giras en 1986. Bowie nunca la tocó en directo hasta el concierto de homenaje a Freddie Mercury, para el que le acompañó Annie Lennox cantando la parte de Freddie. Desde entonces, la interpretó a menudo junto con la bajista Gail Ann Dorsey en el lugar de Freddie.

May contó que hubo un par de momentos tensos en la sesión de grabación. Al parecer, dijo que todos los miembros de Queen eran muy precoces, mientras que Bowie era igual de precoz que los cuatro juntos.

Debido a sus compromisos en cuanto a giras y grabaciones, ni Queen ni Bowie aparecen en el vídeo de la canción.

En el concierto de homenaje a Freddie Mercury, Bowie se arrodilló y recitó el Padre Nuestro. Brian May aseguró que nadie sabía que iba a hacerlo y dijo que fue una de esas actuaciones que quitan el hipo.

MONTREUX

El tema se incluyó en dos álbumes en directo de la banda: *Queen Rock Montreal* y *Live at Wembley 86*.

Escrita por Queen y David Bowie, «Under Pressure» es la última canción del álbum *Hot Space* de Queen de 1982. Se publicó como single en 1981 y llegó directamente a la cima de las listas de éxitos del Reino Unido, convirtiéndose en el segundo sencillo número uno de Queen (el primero, por supuesto, había sido «Bohemian Rhapsody» en 1975). Para Bowie sería su tercer número uno, tras «Space Oddity» en 1969 y «Ashes to Ashes» en 1980. La grabación de hecho fue pura casualidad: Bowie vivía temporalmente en Montreux, Suiza, al mismo tiempo que Queen estaba grabando allí, preparando nuevos temas que acabarían saliendo en *Hot Space*. Un día Bowie se pasó por el estudio justo cuando ellos trabajaban en un tema llamado «Cool Cat». Por petición de la banda, Bowie cantó en esa canción, pero como no le gustó su voz en el tema, empezó a improvisar sobre otro tema que Freddie había empezado a escribir, titulado entonces «Feel Like». Existe cierta confusión sobre quién ideó la famosa línea del bajo de la canción. Lo más probable es que fuera a Deacon a quien se le ocurriera y después se fuera al pub y la olvidara. Sin embargo, Bowie la recordó más tarde. Freddie ya había estado cantando algunas de las partes y Bowie se puso a escribir la letra. El tema también conocido como «People on Streets» comenzó a tomar forma. Finalmente se transformó en «Under Pressure», una canción que aborda la pobreza y el estrés diario de la vida, una canción para el pueblo y uno de los mejores dúos del pop.

de *Under pressure*

Queen y Freddie Mercury dieron el pistoletazo de salida a la revolución de los vídeos de la MTV con «Bohemian Rhapsody». Posteriormente, crearon un videoclip que fue de los primeros en ser más popular que la propia canción (es el caso de «I Want to Break Free»). ¿Y, además, quién podría olvidar el festival de cuero del videoclip de «Crazy Little Thing Called Love»? ¿Y qué hay de los otros vídeos? Pues entre ellos cabe destacar el de «These Are the Days of Our Lives», ya que fue el último videoclip de Queen en el que participó Freddie. El tema, que forma parte de su álbum *Innuendo* de 1991, le valió a Queen el premio Brit al mejor single británico del año en 1992. El videoclip se rodó en mayo de 1991 y, al verlo ahora, resulta conmovedor saber que Freddie moriría menos de seis meses después. En él Freddie aparece con un aspecto claramente frágil y maquillado en exceso. Se muestra expresivo como siempre, pero ya no es capaz de moverse como solía hacerlo. Para sus trabajos en solitario, Freddie grabó pocos vídeos. Por ejemplo, para «Barcelona», de 1987, apareció con Montserrat Caballé en un vídeo de estilo operístico rodado por David Mallet. También es digno de mención el vídeo tan ochentero de «I Was Born To Love You», de su álbum *Mr. Bad Guy* de 1985.

de

Vídeos

La chica que aparece como objeto de los afectos de Freddie en el vídeo de «I Was Born to Love You» es la actriz Debbie Ash, quien posteriormente participaría en *The Bill* y *Red Dwarf*.

El vídeo de «These Are the Days of Our Lives» se filmó en blanco y negro con la intención de disimular el estado de salud de Mercury. Al final, susurra: "I still love you", las últimas palabras que dirigiría a sus fans.

El vídeo de «Radio Ga Ga» rinde homenaje a *Metrópolis*, de Fritz Lang. Muestra fragmentos de la película intercalados con imágenes de la banda recorriendo la ciudad en un coche volador y actuando para las masas apiñadas.

Queen lanzó un vídeo para «Made in Heaven», a pesar de que Mercury ya había fallecido. Los miembros restantes de Queen rehicieron el tema en solitario de Freddie y lo convirtieron en la canción titular de su último álbum. El vídeo, dirigido por David Mallet, requirió la construcción de una réplica de la Royal Opera House en un almacén del norte de Londres y presentaba fragmentos de Mercury con una espectacular capa roja cantando en lo alto de una montaña y un enorme globo terráqueo giratorio de unos 20 metros.

El vídeo de «Save Me» de 1979 fue el último vídeo de Queen que mostraría a Mercury sin bigote en muchos años. Freddie se dejó el bigote para el siguiente vídeo, «Play The Game», y así se quedaría hasta «The Great Pretender» en 1987.

El vídeo de «Calling All Girls» es una parodia de la primera película de George Lucas, *THX 1138*. Roger Taylor y Brian May se han mostrado abiertamente críticos con el vídeo, sobre todo por su curioso enfoque con respecto a la paliza que recibe Freddie por parte de unos policías robot de ciencia ficción.

V

también de

Vacuuming (pasar la aspiradora)

El hecho de que Freddie apareciera pasando una aspiradora vestido de mujer en el vídeo de la canción «I Want to Break Free» provocó la confusión de mucha gente y pasó a estar prohibida en la MTV. El teclista Fred Mandel describió el vídeo como un tipo de humor muy británico y creyó que no había encajado demasiado bien en Estados Unidos. Por su parte, Lisa Stansfield interpretó la canción en el concierto de homenaje a Freddie Mercury y se hizo eco del vídeo llevando rulos y empujando una aspiradora.

Voz

La voz de Freddie Mercury se usó para la película *Bohemian Rhapsody*. De modo que, cuando Rami Malek canta, su voz es una mezcla de la de Freddie, la de Malek y la del imitador de Mercury, Marc Martel.

Vanilla Ice

En 1989-1990, el rapero estadounidense Vanilla Ice triunfó a lo grande con «Ice Ice Baby», un tema que sampleaba el riff de «Under Pressure». Aunque parezca increíble, ni Queen ni Bowie recibieron derechos de autor por su lanzamiento. Vanilla Ice (Robert van Winkle) afirmó inicialmente que había añadido una nota extra, pero más tarde admitió que era un sample directo y llegó a un acuerdo fuera de los tribunales. Las ediciones del tema acreditan ahora la autoría de Queen y Bowie.

también de

«We Will Rock You»

Esta canción de estadio del álbum *News of the World* de 1977 es una composición de Brian May. Fue lanzada como cara B de «We Are the Champions» y se convirtió en una de las canciones favoritas de los aficionados a los deportes. Más tarde se convertiría en el título del musical de gran éxito mundial escrito por Ben Elton.

«We Are the Champions»

Freddie escribió este tema para el álbum *News of the World* de 1977. Llegó al número dos en el Reino Unido y al número cuatro en Estados Unidos. Fue elegida como canción oficial de la Copa Mundial de la FIFA de 1994 y actualmente sigue siendo una canción imprescindible en los eventos deportivos. En 2009, entró en el Salón de la Fama de los Grammy. Además, como curiosidad, en 2011 un equipo de investigadores científicos llegó a la conclusión de que era la «canción más pegadiza de la música pop».

West Thames College

Mercury estudió arte en esta universidad londinense cuando se llamaba Isleworth Polytechnic. Entre otros ex alumnos destacados se encuentran el actor Rufus Sewell y los hermanos Scott y Mark Morriss de la banda indie The Bluetones.

Los cómicos Griff Rhys Jones y Mel Smith (de las series de TV de comedia de sketches británicas *Not the Nine O'Clock News* y *Alas Smith and Jones*) se encargaron de presentar a Queen para la actuación en el Live Aid de Wembley.

En su concierto de 1986 de la gira The Magic Tour en Wembley, Queen tenía como teloneros a INXS, The Alarm y Status Quo. Para el bis, Freddie se desnudó poco a poco mientras cantaba «Hey Big Spender». El público aficionado al «hard rock» estaba encantado, posiblemente pasando por alto todas las insinuaciones sexuales.

Para la película *Bohemian Rhapsody* se recreó fielmente una réplica del escenario del Live Aid. Nada más verla, Brian May tuiteó: «EL LIVE AID VUELVE A VIVIR. Es un milagro».

Para el Live Aid, Queen tocó un set de seis canciones. Empezaron con «Bohemian Rhapsody» y terminaron con una emocionante interpretación de «We Are the Champions». Luego, Mercury y May regresaron al escenario e interpretaron una versión acústica de «Is This the World We Created», de su álbum *The Works* de 1984.

Jim Hutton cuenta en su biografía que, tras el set de Queen, Elton John (el cual iba a actuar más tarde) saludó a Freddie con una mueca y dijo: «Bastardos…».

W de Wembley

El estadio de Wembley es uno de los recintos más conocidos de Gran Bretaña. La primera vez que Queen actuó allí fue precisamente para el concierto Live Aid organizado por Bob Geldof y Midge Ure, un concepto innovador que reunió a los mejores artistas del mundo para recaudar fondos con el fin de combatir la hambruna en Etiopía. Este evento se celebró simultáneamente en el estadio de Wembley y en el estadio John F. Kennedy de Filadelfia el 13 de julio de 1985 y contó con la asistencia de más de 70.000 personas. Pese a los momentos estelares de artistas como Bowie, U2 y The Boomtown Rats, la actuación de 21 minutos de Queen en el Live Aid ha sido votada con frecuencia como la mejor actuación en directo de la historia del rock. Como de costumbre, Freddie animó al público a participar dando palmas al ritmo de «Radio Ga Ga» y con su característica llamada y respuesta vocal, durante la cual sostuvo una nota que se llamaría para siempre "la nota que se escuchó en todo el mundo". A partir de ese momento, Freddie Mercury y Queen pasarían a estar vinculados de forma indeleble con el famoso estadio. El 12 de julio de 1986, Queen grabó en vídeo un concierto en directo en el estadio de Wembley, que se emitió por televisión como un especial del programa musical británico *The Tube*. Anunciado como «la primera emisión simultánea en estéreo» de la historia, los espectadores podían verlo en la televisión (que por entonces todavía era mono) mientras escuchaban una emisión en estéreo por la radio. El directo salió a la venta en vídeo en 1990, en CD en 1992 y, finalmente, en 2003, la actuación completa se lanzó en formato DVD como *Queen: Live at Wembley Stadium*, con extras como el documental «Road to Wembley» y otros clips y entrevistas adicionales. En 2011, se publicó una edición del 25º aniversario del DVD, que también incluía la actuación que habían ofrecido la noche anterior.

de
Clasificación-X

En la vida privada, Freddie Mercury era tímido y retraído, generoso y amable, mientras que al mismo tiempo también se le conocía por sus escandalosas fiestas con camareros que llevaban cocaína en bandejas atadas a la cabeza, modelos desnudos de lucha en el barro, camareros con pantalones que dejaban las nalgas al descubierto, alcohol, drogas y caos. Al margen de su fama de libertino y excesivo, Freddie era una persona compleja. Puede que las fiestas fueran auténticas bacanales, pero en casa al parecer era bastante tranquilo y reservado. Son varios los vídeos caseros de un Freddie borracho (y probablemente algo más...) que resultan tan entretenidos como reveladores. Hay uno especialmente bueno en el que está dándose un baño de espuma. Canta «I Wanna Be Loved By You» y le dice a Jim Hutton «No en mi cara, cariño», refiriéndose a la espuma, por supuesto... y a continuación canta: *Dancing on my shoulder, there's a smile on my bum*... Una cosa es segura: tenía un sentido del humor crudo y socarrón. Cuando le preguntaron en una entrevista si tenía aficiones, respondió: «Mucho sexo». Ante el silencio de asombro del entrevistador, Freddie añadió: «Ahora intenta salir de esa». Al hablar de su estancia en Múnich, declaró: «He aprendido mucho... las palabrotas... "lecken meinen Arsch"... que significa "lame mi culo"». Y continuó: «Quiero que todo el mundo sea follado, toda la noche, todos los días, como yo». E, incluso, después de que una bombilla explotara en el fondo de la sala, el reportero dijo: «Freddie, sabía que eras explosivo, pero no tanto». Y la famosa respuesta de Freddie fue: «Puedo hacer una explosión más grande que esa, querida».

Sobre el hecho de no poder participar en el single benéfico «Do They Know It's Christmas?» de Band Aid, Mercury declaró: «De todos modos, no sé si me habrían incluido en el disco, ya que soy un poco viejo. No soy más que una vieja putilla que se levanta cada mañana, se rasca la cabeza y se pregunta a quién quiere follar».

Corre el rumor de que en una reunión de producción para un espectáculo en directo, Freddie propuso la idea de colocar una gran «polla y un par de pelotas» flotando en el escenario mientras el telón se abría a un par de labios gigantes que esperaban. El equipo de producción estaba muy a favor de la idea, hasta que Freddie añadió: «Y quiero un enorme bigote sobre los labios».

En la fiesta de presentación del álbum *Jazz* de Queen, Mercury firmó con gusto las nalgas desnudas de modelos masculinos y femeninas.

Para el videoclip de la canción de Queen «Bicycle Race», el grupo decidió contratar a 65 modelos para que recorrieran desnudas el estadio Wimbledon Greyhound en bicicletas alquiladas. Al parecer, la empresa de alquiler pidió a la banda que pagara nuevos asientos para las bicicletas cuando se enteraron de lo que estaban haciendo. Además, debido a los desnudos, el vídeo sigue estando prohibido en varios países.

Parece ser que en la fiesta de lanzamiento de *Jazz*, en un intento de crear una especie de escenario del *Jardín de las Delicias* del Bosco, Mercury contrató a drag queens, strippers y artistas provocativos de todo tipo, incluido un hombre que mordía las cabezas de pollos vivos y (supuestamente) una mujer que dijo que se decapitaba a sí misma con una motosierra por 100.000 libras.

también de

Xmas

Queen no pudo participar en la canción benéfica «Do They Know It's Christmas?» de Band Aid, single que fue un éxito de ventas en el Reino Unido en 1984. En ese momento Queen estaba fuera del país, pero lo compensaron con un espectáculo impresionante para el Live Aid.

X-Men

Lo creas o no, Freddie formó parte del universo Marvel durante un breve periodo de tiempo, al menos en concepto. Se planteó una idea acompañada de paneles de cómic esbozados en la que Freddie y Wolverine tenían un encuentro en una selva o bosque. En la escena, Wolverine se cruza con Freddie, de pie con los brazos cruzados, y dice «¿Freddie Mercury?». Estos paneles los realizó un aficionado desconocido, deseoso de entrar en el mundillo. Nunca se utilizaron, pero Steve Bunche, empleado de Marvel Comics, conservó las ilustraciones originales. Luego, toda una generación de artistas del cómic quisieron inmortalizar a Freddie Mercury en tinta.

X Factor

Los concursantes de *X Factor* han versionado a Freddie Mercury en numerosas ocasiones con mayor o menor éxito. El cuarteto G4, subcampeón de la primera temporada del programa, lanzó una versión de «Bohemian Rhapsody» en 2005 que llegó al número nueve en las listas de éxitos. Por su parte, el dúo Jedward lanzó como single el tema «Under Pressure» (mezclado con «Ice Ice Baby») en 2010 y alcanzó el número dos en las listas británicas. Jordan Smith, ganador de la edición de 2015 del programa estadounidense *The Voice*, interpretó «Somebody To Love» con un coro completo de apoyo. Adam Lambert también interpretó una versión espectacular de «Somebody to Love», así como de «I Want to Break Free».

Y

también de

Yellow (amarillo)

El amarillo era sin duda uno de los colores distintivos de Mercury. Su famosa chaqueta militar de cuero amarilla, que llevó en la gira The Magic Tour de 1986 y en el vídeo de «The Miracle», viste su figura de cera en el Madame Tussauds.

«You Take My Breath Away»

Este tema de *A Day at the Races* es único, puesto que lo interpreta casi exclusivamente Freddie Mercury. Lo compuso Mercury al piano y todas las voces fueron interpretadas por él. También elaboró la sección vocal armonizada con múltiples pistas, que se caracteriza por el eco y el registro inverso para crear un efecto similar al de un coro. En 1976, antes de que se publicara *A Day at the Races*, Mercury interpretó en Hyde Park una hermosa versión en solitario (solo voz y piano).

«You Don't Fool Me»

Esta es una de las últimas canciones escritas (parcialmente) por Freddie Mercury. Después de que muriera, el productor David Richards aprovechó la estructura de la canción y la convirtió en un tema completo con la ayuda de los miembros restantes de la banda. Apareció en su último álbum, *Made in Heaven*, publicado en 1995. Se dice que May, Taylor y Deacon se sorprendieron de lo completa que quedó la canción a partir de las piezas con las que había empezado Freddie.

Mercury también era muy amigo de su chef, Joe Fanelli, y de su chófer, Terry Giddings. En su testamento legó 500.000 libras a Fanelli y 100.000 a Giddings.

Mercury y Valentin mantuvieron una relación apasionada, caracterizada por frecuentes peleas y reconciliaciones. Se sabe que compartieron cama en muchas ocasiones, pero nadie puede confirmar si mantuvieron relaciones íntimas o no. Según la hija de Valentin, Minki Reichardt, Barbara estaba enamorada de Freddie. También opinaba que Freddie estaba enamorado de Barbara.

En la radio, para promocionar *A Day at the Races*, Mercury envió una dedicatoria codificada a «Sharon, Beryl, Phyllis, Serita... toda la gente encantadora». Freddie asignaba nombres femeninos a sus amigos masculinos: 'Sharon' era Elton John; 'Beryl', John Reid; 'Phyllis', Rod Stewart; y 'Serita', Peter Straker.

Es lógico que Freddie también tuviera unos cuantos enemigos. Uno de los más conocidos fue, sin duda, Norman Sheffield, quien con su Grupo Trident representó a Queen de 1972 a 1975. Después de una amarga disputa, Mercury escribió el tema «Death on Two Legs (Dedicated To...)», que supuestamente era un despiadado ataque a Sheffield. En 2013, Norman Sheffield escribió una autobiografía titulada *Life on Two Legs: Set the Record Straight*, donde admitía ser el protagonista de la canción.

Peter Freestone fue amigo y asistente personal de Freddie durante 12 años. «Básicamente trabajaba las 24 horas del día, siete días a la semana. Mi trabajo consistía en estar ahí para Freddie, en cuidar de él realmente».

La relación de Freddie con los miembros de la banda era tan estrecha como difícil. Sus frecuentes discusiones en el estudio (llegando incluso a destrozar instrumentos) son legendarias, pero a pesar de ello, lo cierto es que eran una banda muy unida. Se cree que Roger Taylor era el más cercano a Freddie; de hecho, Taylor se refirió a Freddie como su «amigo más cercano» en una entrevista de 1996 con Lesley-Ann Jones. Habló de cómo se puso a llorar cuando estaba a punto de conducir a la casa de Freddie y recibió la llamada de Peter Freestone, diciéndole que no se molestara. Que era demasiado tarde.

de

You're my best Friend

Esta icónica canción de Queen se publicó en 1975 para el álbum *A Night at the Opera*. Llegó al número siete en las listas del Reino Unido y al número dieciséis en las de Estados Unidos. John Deacon la escribió para su esposa, Veronica Tetzlaff, pero como es la voz de Freddie la que escuchamos, uno se pregunta en quién estaría pensando cuando cantaba la letra. Y es que aparte de sus compañeros de banda (en especial John y Roger), el círculo íntimo de amigos de Freddie incluía a Mary Austin (por supuesto), Jim Hutton, Kenny Everett, Winnie Kirchberger, Peter Straker, Peter Freestone y Elton John.

Aunque Freddie llegaría a afirmar más tarde: «La única amiga que tengo es Mary y no quiero a nadie más». Estaba muy unido a su asistente personal, Peter Freestone, quien se describía a sí mismo como el «cocinero jefe y friega-botellas, camarero, mayordomo, secretario, limpiador y consejero sentimental» de Freddie. Mercury apoyó al actor y músico jamaicano Peter Straker con la financiación de su álbum en solitario, *This One's on Me*, además de darle la oportunidad de aparecer en el vídeo de «The Great Pretender». A mediados de los ochenta, Mercury se hizo muy buen amigo de Barbara Valentin, una rubia austriaca explosiva a la que solían llamar la «Jayne Mansfield alemana». Vivaz, franca y provocativa, Freddie sentía una gran fascinación por ella. Aparece incluso en el escandaloso vídeo de «It's a Hard Life», una canción apasionada que, según dicen, Freddie escribió para ella.

Z de Zanzíbar

Freddie Mercury llegó al mundo como Farrokh Bulsara el 5 de septiembre de 1946. Nació en Stone Town, en la ciudad de Zanzíbar, que se encuentra en la isla de Unguja, frente a la costa de Tanzania. Sus padres eran indios parsis de la región de Guyarat, con ascendencia persa. Su padre, Bomi, trabajaba en la Oficina Colonial Británica como Tesorero del Tribunal Supremo de Zanzíbar. Su madre, Jer, siguió a Bomi a Zanzíbar cuando su puesto fue trasladado allí desde Bombay (actual Mumbai). Practicaban la religión zoroástrica, una antigua religión iraní preislámica. Zanzíbar era un protectorado británico desde 1890, por lo que Mercury nació como ciudadano británico y lo seguirá siendo durante toda su vida. Freddie fue el primer hijo de Bomi y Jer y, más tarde, nació su hermana Kashmira. Hasta los ocho años, fue al colegio misionero de Zanzíbar y, después, estudió en el St. Peter's School, un internado solo para niños en Panchgani, India. Allí, junto con sus compañeros de clase, formó una banda llamada The Hectics. Regresó a Zanzíbar en 1963 —el año en que Zanzíbar consiguió la independencia de Gran Bretaña— y estudió en St. Joseph's Convent School. Sin embargo, en 1964, se produjo una revolución en Zanzíbar que derrocó a la clase dirigente árabe y se estableció una república. Mercury y su familia huyeron del régimen opresivo y del derramamiento de sangre (hasta 17.000 personas murieron en la revuelta) y se trasladaron al Reino Unido.

A pesar de ser el lugar de nacimiento de Mercury, en Zanzíbar se aprobaron unas leyes muy estrictas en contra de los homosexuales nada menos que en 2006. Las relaciones entre personas del mismo sexo pueden suponer hasta 30 años de cárcel. Zanzíbar hace honor a Freddie sin hacer referencia a su sexualidad.

Bonzo Fernández, amigo de Mercury en el colegio, contó que Freddie siempre iba muy bien vestido. Recordó cómo solían nadar en el mar después de la escuela o ir en bicicleta a las playas del sur.

CERTIFICATE OF BIRTH

This Is To Certify That

Farrokh Bulsara

was born to

Mother   and   Father

ESTD · 1904

ST. PETER'S SCHOOL

La casa de la familia de Freddie en Zanzíbar se ha convertido en un santuario del cantante y se puede visitar como parte del Freddie Mercury Tour.

Tras la muerte de Freddie, su familia celebró un servicio en el Centro Zoroastriano de Harrow. Su hermana Kashmira dijo que los rituales del servicio la hicieron sentir «en paz».

Freddie dijo una vez en una entrevista: «Siempre andaré como un persa presumido. Nadie va a detenerme, cariño».

Z también de

Zoroastrismo

Los padres de Freddie profesaban la fe zoroástrica, una religión que siguió teniendo importancia para él a lo largo de su vida. El zoroastrismo es una de las religiones más antiguas del mundo, fue fundada por el profeta iraní Zaratustra y celebra a un solo dios. Uno de los textos zoroástricos, el Avesta, define la homosexualidad como una «forma de adoración al demonio y, por tanto, pecaminosa». Es probable que esta sea una de las razones por las que Freddie decidió mantener su orientación sexual en secreto durante la mayor parte de su vida.

Zodiaco

Mercury diseñó el logotipo de Queen basándose en el zodiaco de la banda. Él mismo dijo: «Sabes, yo diseñé el escudo de Queen. Simplemente combiné todas las criaturas que representan nuestros signos del zodiaco y ni siquiera creo en la astrología». Los dos leones son para los leos John Deacon y Roger Taylor, el cangrejo para el cáncer Brian May y las dos hadas para Freddie, un virgo (aunque el símbolo de Virgo es una doncella, es posible que incluyera dos por una cuestión de simetría).

Zappa

Al parecer, el influyente músico Frank Zappa dijo que no le interesaba mucho Jimi Hendrix (del que Mercury era un gran fan). En sus palabras: «me sorprende más escuchar un disco de Queen... La producción es muy buena. Algunas de las cosas que hacen en la mezcla de estos discos son muy difíciles». En 1980, Zappa participó como DJ en el programa de radio *Star Special* de la BBC Radio 1: puso «Killer Queen» y cantó un fragmento de «Bohemian Rhapsody». Brian May apareció en el documental alemán *Ein Leben als Extravaganza - Das Genie Frank Zappa*.

Título original: *Freddie Mercury A to Z*
Edición original inglesa publicada en 2019 por Smith Street Books
Melbourne | Australia
smithstreetbooks.com

Editor: Paul McNally
Editora del proyecto: Hannah Koelmeyer
Editora: Rachel Carter
Diseño: Michelle Mackintosh
Ilustración: Paul Börchers, The Illustration Room

Texto © Steve Wide
Ilustraciones © Paul Börchers
Diseño © Smith Street Books

© 2022, Redbook Ediciones

Traducción y compaginación: Amanda Martínez

ISBN: 978-84-18703-27-0

Depósito legal: B-3.376-2022

Impreso por Sagrafic, Passatge Carsi 6, 08025 Barcelona

Impreso en España - *Printed in Spain*

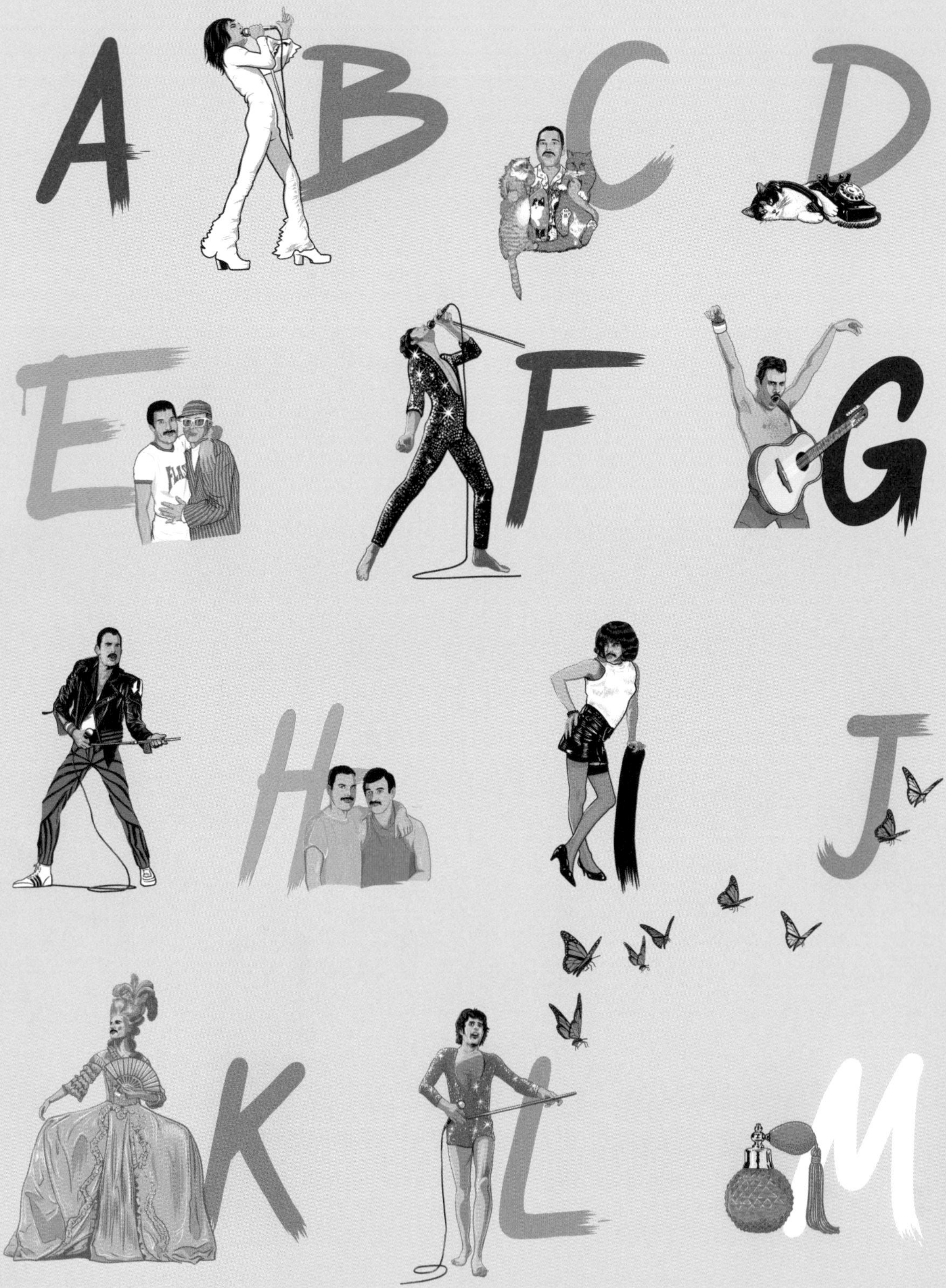
A B C D
E F G
H I J
K L M